LA PRATIQUE
DU
FRANÇAIS
PARLÉ

THE SCRIBNER FRENCH SERIES
General Editor, EDWARD D. SULLIVAN
Princeton University

BY THE SAME AUTHOR

ROMANTIQUE ESPAGNE
(L'image de l'Espagne en France entre 1800 et 1850)
Paris, Presses Universitaires de France, 1961.

LA PESTE A BARCELONE
(En marge de l'histoire politique et littéraire
de la France sous la Restauration)
Paris, Presses Universitaires de France, 1964.

L'ESSENTIEL DE LA GRAMMAIRE FRANÇAISE
New York, Charles Scribner's Sons, 1964; Deuxième Édition, 1973.

H. de Latouche et L.-F. L'Héritier:
DERNIÈRES LETTRES DE DEUX AMANS DE BARCELONE
(1821)
Introduction et notes par L.-F. Hoffmann.
Paris, Presses Universitaires de France, 1965.

RÉPERTOIRE GÉOGRAPHIQUE DE "LA COMÉDIE HUMAINE"
Tome I: *L'Étranger*, Paris, José Corti, 1965.
Tome II: *La Province*, Paris, José Corti, 1968.

LE NÈGRE ROMANTIQUE
(Personnage littéraire et obsession collective)
Paris, Payot, 1973.

LA PRATIQUE DU FRANÇAIS PARLÉ

Léon-François Hoffmann
PRINCETON UNIVERSITY

CHARLES SCRIBNER'S SONS   New York

The author is indebted to the following companies for permission to reprint material appearing in this volume:

Éditions Gallimard for "Barbara" by Jacques Prévert from *Paroles*
© Éditions Gallimard, 1949.

Éditions Musicales 57 for "Les Quatre bacheliers" by Georges Brassens, text © Copyright 1966 by Éditions Musicales 57, Paris.

Copyright © 1973 Charles Scribner's Sons

This book published simultaneously in the United States of America and in Canada—Copyright under the Berne Convention

All rights reserved. No part of this book may be reproduced in any form without the permission of Charles Scribner's Sons.

1 3 5 7 9 11 13 15 17 19 C/P 20 18 16 14 12 10 8 6 4 2

Printed in the United States of America
Library of Congress Catalog Card Number 72-7530
SBN 684-13208-7

CONTENTS

    Preface   vii
    Note on Using the Tape Recordings   ix
1. Le Chauvinisme masculin   1
2. Une lettre   7
3. La Critique littéraire   11
4. Une histoire idiote   17
5. Conférence sur les prisons   23
6. Discussion sur la conférence   29
7. Une dispute   35
8. La Lutte contre la pollution   41
9. Le Monde où l'on s'ennuie   47
10. Mon premier voyage en avion   53
11. Une interview   61
12. La Comparaison intensive   67
13. "Barbara" (Jacques Prévert)   73
14. "Les Quatre bacheliers" (Georges Brassens)   79
    Exercices de prononciation   85
    Index des expressions idiomatiques   91

PREFACE

La Pratique du français parlé illustrates many features of spoken French that are not usually included in the system of fundamental grammar studied in textbooks such as my own *L'Essentiel de la grammaire française*. These characteristics of the spoken language are incorporated in a series of texts that show how French speakers might address each other in a variety of situations.

The spoken texts vary in form and content. Conversations, letters, interviews, speeches, jokes, interior monologues, a poem, and a song are included. The speakers are men and women of different ages who belong to different social strata. The situations in which they speak range from a formal lecture followed by a question-and-answer period to a domestic quarrel between a man and his wife.

Each spoken passage is followed by a vocabulary list, a series of notes on idiomatic expressions, and a set of questions. Not all the words or expressions in *La Pratique* will seem new to any particular reader, but I do hope that no major difficulty has gone unexplained and that the critical apparatus will enable the user to comprehend fully every text.

The texts and questions in *La Pratique* have been recorded both on a cassette and on a laboratory tape. Native speakers act out each passage and ask the questions referring to it. Exercises on particularly difficult French sounds have been included at the end of the recording for the use of those who wish to perfect their pronunciation. Work with the cassette will be particulary useful to anyone learning French "on his own" and to the individual student working at home.

Instructors using *La Pratique* in class will know how to adapt the text to suit their purposes. My own practice is to require students to read the texts aloud several times while striving to reproduce as closely as possible the native pronunciation and intonation found on the tapes. The questions are not designed to "test" or to elicit information, but to encourage the user to formulate complete, coherent sentences in oral French. The student who practices his answers until they come as naturally as if he were speaking English will reap benefits that go far beyond the necessarily limited factual scope of the manual.

Except for the happy few, learning a foreign language is a difficult and often tedious enterprise. It can also be deeply satisfying and even entertaining. If *La Pratique* spares the reader a few difficulties while contributing to his ability and pleasure in speaking French, its goal will have been achieved.

L.-F. H.

NOTE ON USING THE TAPE RECORDINGS

All the texts, questionnaires, and special pronunciation exercises in *La Pratique du français parlé* have been recorded on a cassette for study at home. Exactly the same material appears on a reel of tape meant for use in language laboratories.

Listen to the recording of the text several times. First follow it in your book, paying particular attention to the pronunciation of words that are not familiar to you, as well as to the intonation of the speaker. Then close your book, and listen to the text again and again, until you feel that you would immediately recognize every word and expression should you encounter them in everyday conversation. Finally, open the book and read the passage aloud, referring back to the tape until you are confident that your pronunciation is satisfactory.

A *questionnaire* is recorded after each text. Listen to the questions until you are sure you will understand them when you hear them again. Then practice asking the questions yourself (they are printed in the book), attempting to approximate the pronunciation and intonation of the speaker as closely as possible. Finally, go through the questions one by one, stopping the machine after each and answering it aloud. Do this until you can voice answers to all the questions clearly and without hesitation.

The last part of the tape reproduces the *Exercices de prononciation* printed on pages 85–88. Each of these exercises presents a series of words illustrating a French sound that many English speakers find difficult to say. When you are having trouble with a sound, listen carefully to the words containing it, then practice repeating them.

The tape is intended to make your work easier and more enjoyable. Once again, it should be remembered that, in language learning, repetition is the key to success.

The following instructions are recorded at the beginning of the tape:

Bonjour Madame, bonjour Mademoiselle, bonjour Monsieur.
Vous allez entendre le premier texte de *La Pratique du français parlé*. Ecoutez-le attentivement plusieurs fois, d'abord en suivant dans votre livre, ensuite sans regarder le texte imprimé. Exercez-vous à prononcer les mots ou les phrases qui vous semblent particulièrement difficiles. Enfin, lisez le texte à haute voix, en imitant le mieux possible la prononciation et l'intonation de l'original. Ecoutez:

[The text of Exercice 1 (pp. 1–2) is recorded here.]

Si vous avez fini, écoutez à présent le questionnaire. D'abord, suivez le texte des questions dans votre livre. Ensuite, écoutez les questions sans regarder le texte imprimé. Enfin, arrêtez la machine après chaque question, répétez la question à haute voix et exercez-vous à y répondre jusqu'à ce que votre réponse soit claire et prononcée sans hésitation. Ecoutez:

[The *questionnaire* of Exercice 1 (p. 6) is recorded here.]

Vous allez maintenant entendre les autres textes de *La Pratique du français parlé*, ainsi que les autres questionnaires. Etudiez-les comme vous avez étudié le premier. Nous vous conseillons également de revenir de temps en temps aux textes que vous avez déjà étudiés, et de vous exercer à répondre aux questionnaires qui leur correspondent. Voici le deuxième texte. Bon courage. Ecoutez!

LA PRATIQUE
DU
FRANÇAIS
PARLÉ

EXERCICE 1

LE CHAUVINISME MASCULIN (Un père et une mère discutent l'avenir de leur fille)

P : Ma fille architecte ? Jamais de la vie,[1] ce n'est pas une profession pour les femmes.
M : Pourquoi pas ?
P : Pourquoi pas ? Je ne sais pas, moi. Tu as souvent entendu parler de[2] femmes architectes ?
M : Qu'est-ce que ça prouve ? Elle ferait peut-être une excellente architecte.
P : Elle a du goût, elle est travailleuse, d'accord,[3] mais enfin,[4] quelle drôle d'idée ![5] Elle pourrait faire autre chose, non ?
M : Mais puisque c'est architecte qu'elle veut être, pourquoi devrait-elle faire autre chose ? Et d'ailleurs, elle pourrait faire quoi, d'après toi ?
P : Institutrice, par exemple, ou infirmière, ou elle pourrait travailler dans l'édition, ou...
M : Ou épouser[6] un homme riche et ne rien faire du tout, n'est-ce pas ?
P : Ce ne serait pas un drame. S'occuper de la maison, élever les enfants...
M : Faire la vaisselle, repriser les chaussettes, laver les carreaux...
P : Parfaitement ! C'est important, tout cela. La femme au foyer n'est pas une notion si ridicule.
M : D'accord, pour les femmes qui le désirent, mais ce n'est plus comme quand nous étions jeunes : maintenant qu'il y a des garderies, même les mères de famille peuvent avoir une profession.
P : C'est bien ce que je dis : institutrice, infirmière, n'importe quel travail à mi-temps.
M : Tu n'as pas l'air de comprendre.[7] Elle veut devenir ar-chi-tecte.
P : Écoute, chérie, soyons logiques : personne n'engagera une femme comme architecte.

M : Parce que, comme tu viens de le dire,[8] il y en a si peu. S'il y en avait plus, on les engagerait. Par exemple: il y a vingt ans, il n'y avait pas de femmes médecins. Et pourtant, tu te fais soigner par Hélène Barbereau et même, tu ne jures que par elle.[9]

P : Ce n'est pas la même chose. Hélène Barbereau est une femme exceptionnelle. En tous cas, je m'oppose formellement à ce que notre fille devienne architecte.

M : D'abord, elle ne te demandera pas ton avis, et ensuite, son avenir me regarde[10] aussi, et je t'affirme que si c'est l'architecture qui la tente, c'est l'architecture qu'elle fera.

P : Voyons, chérie, ne te fâche pas. Ah, là, là! il est décidément impossible de discuter rationnellement avec une femme.

M : Mais oui, mais oui, nous sommes toutes des idiotes, c'est bien connu.[11] Il n'y a que les hommes qui aient un cerveau. Dommage que le tien soit parfaitement fossilisé.

VOCABULAIRE

à **mi-temps** *part-time*
autre chose *something else*
un **avenir** *a future*
un **avis** *[a piece of] advice*
le **carreau** *the window [pane]*
le **cerveau** *the brain*
la **chaussette** *the sock*
chéri, chérie *darling*
d'abord *first; in the first place*
d'ailleurs *as a matter of fact; besides*
d'après *according to*
décidément *definitely*
devenir *to become*
discuter *to talk, to argue, to discuss*
dommage *too bad*
le **drame** *the drama; the tragedy*
une **édition** *an edition*
  l'**édition** *the edition; the publishing business*

élever *to raise [children, animals]*
engager *to hire*
ensuite *then; in the second place*
fâcher *to anger*
  se **fâcher** *to get mad*
formellement *categorically*
le **foyer** *the home*
la **garderie** *the day-care center*
le **goût** *the taste*
une **infirmière** *a nurse*
un **instituteur**, une **institutrice** *a primary-school teacher*
jurer *to swear*
s'occuper de *to deal with; to take care of*
parfaitement *completely; precisely*
pourtant *yet, nevertheless*
repriser *to darn*
soigner *to care for, to attend*
souvent *often*
tenter *to tempt*

travailleur, travailleuse *hard-working*
la **vaisselle** *the dishes*

faire la vaisselle *to wash the dishes*
voyons *now look*

EXPRESSIONS IDIOMATIQUES

1. **Jamais de la vie!** *never! out of the question! of course not!*

    Mentir à ma femme? Moi? Jamais de la vie!
    Lie to my wife? Me? Never!

    —L'Angleterre est une république, n'est-ce pas?
    —Jamais de la vie! C'est une monarchie.
    —*England is a republic, isn't it?*
    —*Of course not! It's a monarchy.*

2. **Entendre parler de** *to hear of or about*

    Si vous entendez parler d'un bon manuel de conversation, dites-le-moi.
    If you hear of a good conversation manual, tell me about it.

    Je n'ai pas été à cette exposition, mais j'en ai beaucoup entendu parler.
    I didn't go to that exhibition, but I heard a lot about it.

    Je ne connais pas cette actrice, je n'ai même jamais entendu parler d'elle.
    I don't know this actress, I've never even heard of her.

3. **D'accord** *agreed*

    —Je viens te chercher à cinq heures, d'accord?
    —D'accord!
    —*I'll come for you at five, all right?*
    —*O.K.*

    Être d'accord avec quelqu'un *to agree with someone*

    —Êtes-vous d'accord avec moi?
    —Je suis toujours d'accord avec vous.
    —*Do you agree with me?*
    —*I always agree with you.*

4. **Mais enfin** *but still; now look*

    L'argent ne fait pas le bonheur, mais enfin, il y contribue.
    Money can't buy happiness, but still, it helps.

Mais enfin, pourquoi êtes-vous en retard?
Now look, why are you late?

5. Quel (quelle) drôle de + nom   *what a strange + noun*

Tu connais son frère? Quel drôle de type!
Do you know his brother? What a strange guy!

Je reviens du Tibet; quel drôle de pays!
I'm just back from Tibet; what a strange country!

Drôle est synonyme d'**étrange**. On peut donc dire:

Quel étrange garçon!
Quel étrange pays!

Il ne faut pas confondre **étrange** (*strange*) et **étranger** (*foreign*).

Drôle veut également dire *funny*, dans le sens de "comique".

C'est un garçon très drôle; il a beaucoup d'humour.
He is a very funny boy; he has a good sense of humor.

Les comédies de Molière sont aussi drôles aujourd'hui qu'il y a trois siècles.
Molière's comedies are as funny today as they were three centuries ago.

6. Épouser   *to marry*

Un homme épouse une femme et vice-versa.
A man marries a woman and vice-versa.

Un homme (ou une femme) se marie.
A man (or a woman) gets married.

Un homme et une femme se marient.
A man and a woman get married.

Un maire (un prêtre) marie un couple.
A mayor (a priest) marries a couple (performs the ceremony).

—Votre fille se marie?
—Oui, elle épouse un physicien.
—Ils se marient à l'église?
—Non, le maire du village va les marier.
—*Is your daughter getting married?*
—*Yes, she's marrying a physicist.*
—*Will they have a church wedding?*
—*No, the mayor of the village will perform the ceremony.*

7. **Avoir l'air**   *to seem, to appear, to look*

Vous n'avez pas l'air de comprendre ce que je vous dis.
You don't seem to understand what I'm telling you.

La question a l'air difficile, mais elle ne l'est pas.
The question appears difficult, but it isn't.

Il est boxeur? Il n'en a pas l'air.
He's a prizefighter? He doesn't look it.

L'adjectif qui suit l'expression **avoir l'air** peut s'accorder soit avec **l'air** (masculin singulier) soit avec le sujet. Ainsi on peut dire:

   Elle a l'air content.
ou: Elle a l'air contente.

Remarquer également:

Faire quelque chose d'un air + adjectif   *to do something in a (adjective) way*

Ce chien m'a regardé d'un air si triste que je l'ai ramené chez moi.
This dog looked at me so sadly (in so sad a way) that I took him home with me.

8. **Venir de + infinitif**   *to have just + past participle*

Le gouvernement vient de décider de bloquer les salaires.
The government has just decided to freeze wages.

En 1946, la deuxième guerre mondiale venait de finir.
In 1946, the Second World War had just ended.

9. **Ne jurer que par**   *to swear by*

Depuis son retour de Chine, il ne jure que par l'acuponcture.
Since his return from China, he swears by acupuncture.

10. **Regarder quelqu'un**   *to concern someone, to be someone's business*

La santé publique regarde le gouvernement.
Public health is the concern of the government.

Occupez-vous de ce qui vous regarde.
Mind your own business.

Pour qui elle va voter ne regarde qu'elle.
Whom she's going to vote for is no one's business but her own.

11. **Il est bien connu que**   *it's a well-known fact that*

> Il est bien connu que les Français ont produit moins de grands compositeurs que les Allemands.
> *It's a well-known fact that the French have produced fewer great composers than the Germans.*
>
> Les enfants ont besoin d'amour et de sécurité, c'est bien connu.
> *Children need love and security, that's a well-known fact.*

QUESTIONNAIRE NO. 1

Répondez par des phrases complètes aux questions suivantes :
 1. Que dit le père en apprenant que sa fille veut devenir architecte ?
 2. Est-ce qu'on entend souvent parler de femmes ingénieurs ?
 3. Est-ce que cela prouve quelque chose ?
 4. Quelles sont les qualités de la jeune fille dont il s'agit ?
 5. D'après le père, qu'est-ce que sa fille pourrait devenir ?
 6. Quelles sont les occupations traditionnelles des mères de famille ?
 7. Qu'est-ce que c'est qu'une garderie ?
 8. Quelle est la différence entre un travail à mi-temps et un travail à plein temps (*full-time*) ?
 9. Qu'est-ce que le père vient de dire ?
 10. Par qui le père se fait-il soigner ?
 11. Par qui faites-vous réparer votre voiture ?
 12. Est-ce que la fille demandera au père son avis ?
 13. Est-ce que l'avenir de la fille regarde uniquement le père ?
 14. Pourquoi est-ce que la mère se fâche ?
 15. Peut-on discuter rationnellement avec un enfant de deux ans ?
 16. Qu'est-ce qui caractérise le cerveau du père ?
 17. Quel genre d'homme (ou de femme) voudriez-vous épouser ?
 18. Où allez-vous vous marier, à la mairie ou à l'église ?
 19. Qui vous mariera, le maire ou un prêtre (un pasteur ou un rabbin) ?
 20. Est-ce que l'avenir des enfants ne regarde que leurs parents ?

EXERCICE 2

UNE LETTRE

Casablanca, le 3 mai 1971

Mon vieux Robert,

On a bien raison de dire[1] que le monde est petit. Je prends l'avion à Paris, quatre heures plus tard je débarque à Casablanca et qui est-ce que je rencontre en sortant de l'aéroport? Tu ne devineras jamais! Jacques Delavaux, en chair et en os! Il était en train d'expliquer[2] à un agent de police que s'il ne stationnait pas sa voiture immédiatement, il manquerait son rendez-vous avec Dieu sait quelle personnalité gouvernementale. Il me voit, plante là son flic, se précipite sur moi, me traite de tous les noms[3] pour ne pas l'avoir prévenu de mon arrivée, m'entraîne de force chez lui, bref, on a discuté jusqu'à trois heures du matin. Il n'a pas changé: toujours aussi drôle, toujours optimiste, toujours prenant la vie du bon côté.[4] Je l'avais perdu de vue[5] depuis notre service militaire. Ça fait trois ans qu'il est au Maroc et, tu vas rire, lui qui n'a jamais été capable d'apprendre trois mots d'anglais au lycée, il parle arabe comme s'il était né en Afrique du Nord. Il a monté[6] une agence de publicité et, d'après lui, est en train de gagner un argent fou.[7] Le fait est qu'il a un appartement de grand luxe dans le meilleur quartier de la ville et semble vivre comme un prince. Il m'a dit que ç'a été très dur pendant une année ou deux. Mais il aime le pays, s'est bien habitué au[8] climat et a même l'intention de se faire naturaliser dès qu'il y aura résidé cinq ans, comme l'exige la loi. Inutile de te dire que nous avons parlé de toi... D'ailleurs, il a l'intention de t'écrire pour te proposer de venir nous rejoindre dès que tu auras des vacances. J'espère que tu accepteras; nous t'attendons avec impatience. Et écris-moi vite!

Bien à toi

PAUL

VOCABULAIRE

bref *to make a long story short*
la **chair** *the flesh*
  en chair et en os *in the flesh*
d'ailleurs *besides*
d'après *according to*
dès que *as soon as*
deviner *to guess*
discuter *to discuss, to argue, to talk*
dur *hard*
entraîner *to drag along*
exiger *to demand*
le **fait** *the fact*
le **flic** (argot) *the cop (slang)*

fou; le **fou** *mad; the madman*
  folle; la **folle** *mad; the madwoman*
manquer *to miss*
un **os** *a bone*
la **personnalité** *the VIP*
planter *to plant*
  planter là *to leave standing*
se **précipiter** *to rush*
prévenir *to warn*
la **publicité** *publicity, advertising*
sembler *to seem*
toujours *always, still*

EXPRESSIONS IDIOMATIQUES

1. **Avoir raison**   *to be right*
   Avoir raison de + infinitif   *to be right in + present participle*

   Tu as raison, ce film est excellent.
   You are right, this film is excellent.

   Il a raison de penser que le tabac est mauvais pour la santé.
   He is right in thinking that tobacco is bad for your health.

   Remarquer aussi:

   Avoir tort   *to be wrong*
   Avoir tort de + infinitif   *to be wrong in + present participle*

   J'ai peut-être tort, mais je n'ai pas confiance en lui.
   Perhaps I am wrong, but I don't trust him.

   Vous avez tort de penser que le surpeuplement n'est pas un problème grave.
   You are wrong in thinking that overpopulation is not a serious problem.

2. L'expression **en train de + infinitif** donne plus de vigueur à l'expression et situe l'action plus strictement dans le moment indiqué. On peut parfois la traduire par *to be in the act or process of + present participle*.

Quand la police est arrivée, il était en train de percer le coffre-fort.
When the police arrived, he was [in the act of] breaking into the safe.

Demain à cette heure-ci, je serai en train de faire une conférence.
Tomorrow at this time I shall be [in the process of] giving a lecture.

3. **Traiter quelqu'un de + nom péjoratif**   *to call someone a + pejorative name*
   Traiter quelqu'un de tous les noms   *to call someone all sorts of names*

   Il m'a traité d'imbécile, alors je l'ai traité d'idiot.
   He called me a fool, so I called him an idiot.

4. **Prendre la vie du bon côté**   *to look at the bright side of things*

   Il est très différent de sa soeur: elle se fait toujours des soucis, lui prend la vie du bon côté.
   He is very different from his sister: she worries all the time, he looks at the bright side of things.

5. **Perdre quelqu'un ou quelque chose de vue**   *to lose sight of someone or something*

   Comme il courait plus vite que moi, je l'ai bientôt perdu de vue.
   Since he ran faster than I did, I soon lost sight of him.

   Avant l'invention de la boussole, les marins n'osaient pas perdre la terre de vue.
   Before the invention of the compass, sailors didn't dare lose sight of land.

6. **Monter une affaire**   *to set up a business*

   Il a abandonné la médecine pour monter un laboratoire de produits pharmaceutiques.
   He left medical practice to set up a pharmaceutical lab.

7. **Un argent fou**   *piles of money*

   J'aimerais bien visiter l'Australie, mais le voyage coûte un argent fou.
   I'd like to visit Australia, but the trip costs piles of money.

   Remarquer également:
   Un succès fou   *a tremendous success*

La dernière pièce de Durand a un succès fou.
Durand's latest play is a tremendous success.

Être fou de quelqu'un   *to be madly in love with someone*

Bien des ménagères étaient folles de Rudolph Valentino.
Many housewives were madly in love with Rudolph Valentino.

8. **S'habituer à**   *to get used to*

Je n'arrive pas à m'habituer à la cuisine anglaise.
I can't get used to English cooking.

Peu à peu, les jeunes Français s'habituent à boire du lait avec leurs repas.
Little by little, French youths are getting used to drinking milk with their meals.

QUESTIONNAIRE NO. 2

Répondez par des phrases complètes aux questions suivantes :

1. Quel est le prénom de l'auteur de cette lettre ?
2. Comment s'appelle celui qui a reçu la lettre ?
3. Qu'est-ce qu'on a bien raison de dire, selon Paul ?
4. Combien de temps faut-il pour voler de Paris à Casablanca ?
5. Où Paul a-t-il rencontré son vieil ami ?
6. A qui Jacques était-il en train de parler ?
7. Avec qui disait-il avoir rendez-vous ?
8. Pourquoi Jacques traite-t-il son ami de tous les noms ?
9. Jusqu'à quelle heure les deux amis ont-ils discuté ?
10. Depuis quand les deux amis s'étaient-ils perdus de vue ?
11. Quelle langue moderne Jacques avait-il étudiée au lycée ?
12. A-t-il réussi à bien apprendre l'anglais ?
13. Comment parle-t-il arabe ?
14. Est-il en train de gagner de l'argent ?
15. Où habite-t-il ?
16. Comment semble-t-il vivre ?
17. Est-ce que la vie au Maroc a toujours été facile pour lui ?
18. Quand a-t-il l'intention de se faire naturaliser ?
19. Pourquoi devra-t-il attendre cinq ans ?
20. Que va proposer Jacques à Robert ?

EXERCICE 3

LA CRITIQUE LITTÉRAIRE

ANNE: Je prétends que l'on peut étudier une œuvre littéraire scientifiquement.
BERNARD: Scientifiquement? Quelle drôle d'idée![1] Je ne comprends pas ce que tu veux dire.
A: C'est très simple: un critique peut étudier un texte comme un savant étudie un cristal ou une cellule animale.
B: Au microscope?[2]
A: Très drôle. Tu comprends parfaitement, ne fais pas l'imbécile.[3]
B: Non, sérieusement, je t'assure que je ne te suis pas.
A: Eh bien: au lieu de juger sur une simple impression générale, il faut chercher comment l'auteur a construit son œuvre, comment un procédé littéraire est utilisé pour produire un résultat donné.
B: Tout ça m'a l'air[4] bien compliqué.
A: Mais pas du tout! C'est d'une simplicité enfantine, au contraire.
B: Pour un enfant, peut-être; en tous cas,[5] pas pour moi.
A: Écoute: pourquoi aimes-tu tel ou tel poème?
B: Pourquoi j'aime...? Je ne sais pas. Parce qu'il me fait sentir l'émotion du poète?
A: Bien sûr. C'est évident. Ce qui m'intéresse, moi, c'est comment le poète agit sur toi, pourquoi il choisit un mot plutôt qu'un autre, une image plutôt qu'une autre.
B: Je commence à comprendre. D'après toi, il y a des lois littéraires comme il y a des lois naturelles. Le critique doit chercher, comme le savant, des relations de cause à effet.
A: Voilà. C'est exactement ça.
B: En effet,[6] ce n'est pas bête. Mais tu es sûre que ces fameuses lois existent?

A: Certaine. Il faut les trouver. Il suffit d'avoir de la patience et de l'imagination.
B: D'accord.[7] Mais à quoi ça sert?[8]
A: Comment,[9] à quoi ça sert? Mais ça sert à ce que sert toute critique littéraire.
B: C'est bien ma question.
A: On ne peut pas discuter avec toi, tu ne poses que des questions stupides.
B: Pardon, pardon, je pose des questions fondamentales. Ce n'est pas pareil.

VOCABULAIRE

agir to act, to have an effect
au lieu de instead of
bête stupid
bien sûr of course
la **cellule** the cell
construire to build
d'après according to
eh (et) bien well
enfantin childish
une **œuvre** a work [of art or literature]
pareil the same
pas du tout not at all

plutôt que rather than
poser une question to ask a question
prétendre to claim
le **procédé** the method, the trick, the device
le **savant** the scientist, the scholar
sentir to feel
suivre to follow
tel such
trouver to find
vouloir dire to mean

EXPRESSIONS IDIOMATIQUES

1. **Quel (quelle) drôle de**   Voir p. 4.

2. **Au microscope**   *through (with) a microscope*

   Les microbes ne se voient qu'au microscope.
   Microbes can be seen only through a microscope.

   Sur le même modèle, remarquer:

   Sa vue est si basse qu'il est obligé de lire à la loupe.
   His eyesight is so bad that he's forced to read with a magnifying glass.

Je lui ai parlé au téléphone.
I spoke to her on the phone.

On a creusé le puits à la dynamite.
They dug the well with dynamite.

3. **Faire le + nom**   *to play the + noun, to act*

   Elle fait l'intellectuelle, mais elle n'est pas très intelligente.
   She plays the intellectual, but she's not very smart.

   Inutile de faire l'innocent: je sais que tu es coupable.
   Don't bother acting innocent: I know you're guilty.

   Quand il est en danger, l'opposum fait le mort.
   When in danger, the opposum plays dead.

4. **Avoir l'air**   Voir p. 5.

5. **En tous cas**   *at any rate, anyway*

   Vous n'aimerez peut-être pas Balzac, mais en tous cas il faut connaître son œuvre.
   Perhaps you won't like Balzac, but you should know his writings anyway.

   Nous nous verrons peut-être demain; en tous cas, nous dînons ensemble la semaine prochaine.
   Maybe we'll see each other tomorrow; at any rate, we're having dinner together next week.

   Je ne sais pas si la pièce est bonne; en tous cas, elle a reçu d'excellents comptes rendus.
   I don't know if the play is good; it got excellent reviews, anyway.

6. **En effet**   *indeed, you are right; the reason is..., thanks to...*

   —Il est impossible de vivre avec ce qu'il gagne.
   —En effet.
   —*He can't live on what he's making.*
   —*You're right.*

   —Vous n'avez rien compris.
   —En effet; mais c'est peut-être vous qui expliquez mal.
   —*You haven't understood a thing.*
   —*Quite so. But maybe you're explaining it badly.*

EXERCICE 3

La poliomyélite a pratiquement disparu; en effet, le docteur Salk a trouvé contre elle un vaccin très efficace.
Polio has practically disappeared, thanks to a very effective vaccine discovered by Dr. Salk.

7. **D'accord**   Voir p. 3.

8. **Servir à**   *to be good (useful) for*

—A quoi sert un stéthoscope?
—Un stéthoscope sert à écouter les battements du cœur.
—*What is a stethoscope used for?*
—*It's used to listen to heartbeats.*

—A quoi sert de protester?
—En effet, ça ne sert à rien.
—*What's the use of protesting?*
—*You are right, it doesn't do any good.*

9. **Comment** sert à exprimer la surprise ou l'indignation; peut généralement se traduire par *what!*

Comment! Ils ont refusé de signer le contrat?
What! They refused to sign the contract?

Comment! Vous avez encore oublié?
What! You've forgotten again?

Comment, ça ne me regarde pas!
What do you mean, it's none of my business?

A l'interrogatif, **comment** peut se traduire parfois par *I beg your pardon.*

—Donnez-moi une livre de groxies, s'il vous plaît.
—Comment, Madame?
—*Give me a pound of groxies, please.*
—*Beg your pardon, Ma'am?*

QUESTIONNAIRE NO. 3

Répondez par des phrases complètes aux questions suivantes:

1. Selon Anne, de quelle façon peut-on étudier une œuvre littéraire?
2. Que prétend Anne?

3. Que pense Bernard de cette idée ?
4. Bernard comprend-il ce que Anne veut dire ?
5. Comment un critique peut-il étudier un texte ?
6. Quel instrument un savant peut-il employer pour étudier un cristal ou une cellule animale ?
7. A quoi sert un microscope ?
8. A quoi sert une loupe ?
9. Que veut dire : "Je ne te suis pas" ?
10. Sur quoi juge-t-on souvent un texte littéraire ?
11. Que faut-il chercher, selon Anne ?
12. Cette idée semble-t-elle simple à Bernard ?
13. Pourquoi Bernard aime-t-il tel ou tel poème ?
14. Qu'est-ce qui intéresse Anne ?
15. D'après Anne, que doit faire le critique ?
16. Est-ce que Anne est sûre que des lois existent en littérature ?
17. Que suffit-il d'avoir pour les trouver ?
18. A quoi sert la méthode que propose Anne ?
19. D'après Anne, quel genre de questions pose Bernard ?
20. Comment Bernard qualifie-t-il les questions qu'il pose à Anne ?

EXERCICE 4

UNE HISTOIRE IDIOTE

On raconte qu'un grand violoniste français habitait les États-Unis depuis près d'un quart de siècle.[1] Il aimait son pays d'adoption et ses nouveaux concitoyens. C'était un artiste mondialement réputé, mais s'il était exceptionnellement doué pour la musique, il l'était beaucoup moins pour les langues étrangères. Après vingt-cinq ans d'Amérique, il parlait l'anglais si mal, et avec un tel[2] accent, qu'il avait tout le mal du monde[3] à se faire comprendre. Il en avait honte,[4] et lorsque ses interlocuteurs ne parlaient pas français, il leur répondait en marmonnant des monosyllabes.

Un jour, une grande université (Harvard, mettons) a décidé de lui conférer un doctorat *honoris causa*. On lui envoya une délégation de professeurs distingués (et francophones), pour lui demander s'il accepterait cet honneur. Notre violoniste était tout prêt à accepter, lorsqu'il demanda, d'un air soucieux:[5]

—Mais dites-moi, Messieurs, aurai-je à prononcer[6] un discours de remerciement?

—Oui, Maître, c'est l'usage.

—Alors, pardonnez-moi, mais je suis forcé de refuser. S'il faut que je parle anglais, je me couvrirai de ridicule.

Après s'être consultés, les représentants de l'université l'assurèrent qu'il n'aurait qu'un seul mot à prononcer.

—Et lequel? demanda-t-il.

—*Thank you*!

—Ah, diable! C'est difficile. *Ank you*, je sais dire, mais ce maudit premier son, j'en suis incapable. *Zank you*! C'est ça?

—Non, Maître, c'est *Thank you*!

—*Dank you*?

—Ce n'est pas tout-à-fait ça: *Thank you*!

—*Tank* you?

17

Bref, il décida de prendre des leçons d'un célèbre phonéticien, qui lui apprit enfin à prononcer, après trois semaines de travail acharné, le son *th*, en serrant sa langue entre ses dents et en soufflant par la bouche de façon à imiter le bruit d'un pneu qui se dégonfle.

Le grand jour arriva. Devant les dignitaires assemblés et les étudiants de la promotion, on lui passa[7] la toge de professeur et on lui remit le parchemin commémoratif. Tout ému, il se tourna vers le président et s'écria d'une voix forte:

—*Merthi*!

VOCABULAIRE

acharné *desperate, strenuous*
bref *to make a long story short*
le **bruit** *the noise*
le **citoyen,** la **citoyenne** *the citizen*
le **concitoyen,** la **concitoyenne** *the fellow-citizen*
(se) **consulter** *to consult [with each other]*
couvrir *to cover*
dégonfler *to deflate*
le **diable** *the devil*
doué *gifted*
ému *moved*
la **façon** *the manner*
  de **façon à** *so as to*
francophone *French-speaking*
une **histoire** *a story*
honoris causa (latin) *honorary*
Maître *Maestro*
marmonner *to mutter*
maudit *damned (not vulgar in French)*

mettons *let us say*
le **monosyllabe** *the one-syllable word*
le **parchemin** *the diploma*
le **pneu** *the tire*
la **promotion** *the graduating class*
  la promotion 1963 *the class of 1963*
prononcer [un discours] *to give [a speech]*
raconter *to tell*
le **remerciement** *the thanks*
remettre *to hand [over]*
serrer *to grasp, to press*
le **siècle** *the century*
le **son** *the sound*
soucieux, soucieuse *worried*
souffler *to blow*
un **tel...** *such a...*
la **toge** *the gown*
un **usage** *a custom*

EXPRESSIONS IDIOMATIQUES

1. **Près de + expression de temps** *nearly + expression of time*

   Ça fait près d'une heure que j'attends.
   I have been waiting for nearly an hour.

Le règne de Louis XIV a duré près de soixante-treize ans.
The reign of Louis the Fourteenth lasted nearly seventy-three years.

Près de quelqu'un ou de quelque chose   *near someone or something*

Il y a toujours plusieurs gardes du corps près du Président.
There are always several bodyguards near the President.

Le Ministère des Affaires étrangères est sur la rive gauche, près de la Tour Eiffel.
The Foreign Ministry is on the left bank, near the Eiffel Tower.

2. **Un tel (une telle, de tels, de telles)**   *such*

Il m'a fait une telle peur que j'ai failli m'évanouir.
He gave me such a fright that I nearly fainted.

Un tel courage est admirable.
Such courage is admirable.

Je n'ai jamais entendu de tels mensonges.
I never heard such lies.

Monsieur (Madame, Mademoiselle) Un Tel   *Mr. (Mrs., Miss) So-and-So*

3. **Tout le mal du monde**   *the greatest difficulty*

J'ai eu tout le mal du monde à lui faire comprendre ce que je voulais.
I had a very hard time making her understand what I wanted.

Remarquer également:

Pour rien au monde   *absolutely not*
Pas le moins du monde   *not in the least*

—Alors, vous ne voulez pas épouser mon cousin?
—Pour rien au monde.
—So, you don't want to marry my cousin?
—Absolutely not.

Vous ne me dérangez pas le moins du monde; entrez, je vous prie.
You don't disturb me in the least; do come in, please.

EXERCICE 4 | 19

4. **Avoir honte de** *to be ashamed of*

Bien des nouveaux riches ont honte de leurs origines.
Many nouveaux riches are ashamed of their background.

Quand j'entends mon frère insulter sa femme, j'ai honte de lui et j'ai honte pour lui.
When I hear my brother insulting his wife, I'm ashamed of him and I'm ashamed for him.

Le contraire d'**avoir honte de** est **être fier de.**

Bien des nouveaux riches sont fiers de leur richesse.
Many nouveaux riches are proud of their wealth.

Quand j'entends mon frère prononcer un discours, je suis fier de lui.
When I hear my brother give a speech, I'm proud of him.

5. **D'un air + adjectif** Voir p. 5.

6. **Avoir à faire quelque chose** *to have something to do; to have to do something*

Elle a encore trois chapitres à lire.
She still has three chapters to read.

J'ai beaucoup à faire.
I have a lot to do.

Quand je n'ai rien à faire, je m'ennuie.
When I have nothing to do, I am bored.

Rien à faire!
Nothing doing!

Vous n'aviez qu'à faire votre travail.
You should have done your work.

Vous n'avez qu'un mot à prononcer et je m'en vais.
Just say the word and I'll leave.

7. **Passer un vêtement** *to put on an article of clothing*
Passer n'est jamais obligatoire et peut toujours être remplacé par **mettre**. **Passer** ne peut s'employer que pour un vêtement dans lequel on entre. On **passe** (ou **met**) une robe, une chemise, un pantalon, un manteau, etc., mais on **met** une cravate, un chapeau, un bijou, etc.

QUESTIONNAIRE NO. 4

Répondez par des phrases complètes aux questions suivantes:

1. Depuis combien de temps le violoniste habitait-il les États-Unis?
2. Était-il satisfait de son pays d'adoption et de ses nouveaux concitoyens?
3. Était-il aussi doué pour les langues étrangères que pour la musique?
4. Pour quelle discipline êtes-vous particulièrement doué?
5. Pour quelle discipline êtes-vous particulièrement peu doué?
6. Le violoniste se faisait-il facilement comprendre lorsqu'il parlait anglais?
7. Comment répondait-il lorsqu'on lui parlait anglais?
8. Comment faut-il parler, pour se faire comprendre d'une personne étrangère?
9. Qu'est-ce qu'une grande université a décidé de faire?
10. Qu'est-ce que les professeurs distingués lui ont demandé?
11. Quelle question le violoniste leur pose-t-il?
12. Pourquoi le violoniste dit-il qu'il est forcé de refuser?
13. De quoi est-ce que les professeurs l'assurent?
14. De quoi le violoniste est-il incapable?
15. Que décide-t-il de faire?
16. Comment prononce-t-on le son anglais *th*?
17. Devant qui a lieu la cérémonie?
18. A quelle promotion appartenez-vous?
19. Qu'est-ce qu'on fait au violoniste avant de lui remettre le parchemin commémoratif?
20. Vers qui se tourne-t-il pour remercier?

EXERCICE 5

CONFÉRENCE SUR LES PRISONS

Mesdames, Mesdemoiselles, Messieurs :

A quoi peut servir[1] une prison ? Premièrement, à punir ceux qui ont été jugés coupables de crimes contre la société. Deuxièmement, à séparer les criminels des autres citoyens.[2] Troisièmement, à rééduquer les prisonniers, pour qu'ils n'aient plus le besoin, ou l'envie,[3] de commettre des actes illégaux.

Si l'on désire punir, la vie en prison doit logiquement être rendue[4] aussi désagréable que possible. Mais, dans ce cas, des problèmes pratiquement insolubles se posent. A-t-on le droit de torturer les prisonniers ? de les affamer ? de les humilier ? Personne ne peut nier qu'un criminel reste un être humain. Jusqu'à[5] quel point a-t-il perdu les droits que les religions, les systèmes philosophiques et la plupart des textes constitutionnels lui reconnaissent ?

Si l'on veut simplement isoler les criminels, il n'est pas nécessaire de leur infliger des punitions. Il suffit de[6] les empêcher de vivre parmi les autres hommes. La société se borne à[7] leur refuser le droit de se déplacer librement. Elle doit aide et protection aux prisonniers ; elle a la responsabilité de leur assurer une vie aussi heureuse que possible dans leur situation particulière.

Pour ceux qui croient qu'il est possible de rééduquer les criminels, les punir ou les isoler rend la tâche plus difficile, si non impossible. Il faut au contraire se montrer compréhensif envers eux, les convaincre que la société n'a pas soif de vengeance, et les soustraire à la mauvaise influence d'une communauté entièrement composée de criminels.

Il existe dans presque tous les pays des prisons modèles, où l'accent est mis sur la rééducation. Les résultats obtenus ne laissent aucun doute : une attitude compréhensive est non seulement plus humaine, mais également plus efficace.

VOCABULAIRE

affamer quelqu'un *to starve someone*
  être affamé *to starve, to be starving*
assurer *to insure; to assure*
commettre *to commit*
compréhensif, compréhensive *understanding, comprehending*
la **conférence** *the lecture*
convaincre *to convince*
coupable *guilty*
(se) **déplacer** *to move*
devoir *to owe*
le **droit** *the right*
efficace *efficient; efficacious, effective*
également *also*
empêcher *to prevent*

envers *toward*
humain *humane; human*
infliger *to inflict*
laisser *to leave*
mettre *to put*
montrer *to show*
  se **montrer** *to appear*
nier *to deny*
parmi *among*
perdre *to lose*
la **plupart [de]** *most [of]*
punir *to punish*
la **punition** *the punishment*
rester *to remain*
la **soif** *the thirst*
soustraire *to remove; to subtract*
la **tâche** *the task*

EXPRESSIONS IDIOMATIQUES

1. **Servir à**   Voir p. 14.

2. **Séparer A de B**   *to separate A from B*

   Les marchands d'esclaves n'hésitaient pas à séparer les enfants de leurs parents.
   Slave traders didn't hesitate to separate children from their parents.

   Elle s'est séparée de son mari.
   She separated from her husband.

3. **Avoir besoin de**   *to need*
   Avoir envie de   *to feel like, to want*

   Je n'ai pas envie d'une voiture, mais j'en ai besoin pour mon travail.
   I don't want a car, but I need one for my work.

   Tu as envie de sortir dîner?
   Do you feel like going out to dinner?

—De quoi as-tu besoin pour réparer cette porte?
—J'ai besoin d'un marteau et de clous.
—*What do you need to fix this door?*
—*I need a hammer and nails.*

L'envie de vivre leur propre vie et le besoin de s'affirmer sont fréquents chez les adolescents.
The desire to lead their own lives and the need to prove themselves are frequent among adolescents.

4. Rendre + adjectif   *to make + adjective*

La faim rend dangereux les animaux.
Hunger makes animals dangerous.

Ces enfants me rendront folle!
These children will drive me insane!

La décision du Président ne sera pas rendue publique avant la semaine prochaine.
The President's decision will not be made public before next week.

5. Jusqu'à...   *until..., up to...*

Jusqu'à quand me feras-tu attendre? Jusqu'à demain? Jusqu'à la semaine prochaine? Jusqu'à ma mort?
Until when will you keep me waiting? Until tomorrow? Until next week? Until I die?

Jusqu'à quel point peut-on lui faire confiance?
How far can he be trusted?

Mais on dit:

Jusqu'ici	*up to here, up to now, so far*
Jusqu'où	*up to where?*
Jusque là	*up to there, up to that time, up to then*
Jusqu'en...	*up to...*

Jusqu'où va ce train? Jusqu'au bout de la ligne? Jusqu'en Belgique?
How far does this train go? To the end of the line? Up to Belgium?

Jusqu'ici, je suis content.
So far, I am happy.

Mourir pour ses idées? Son dévouement ne va pas jusque là!
Die for his convictions? He is not that dedicated!

6. **Il suffit de + infinitif**   *it is enough to, one simply*

   Il ne suffit pas de l'accuser, il faut également prouver vos accusations.
   It is not enough to accuse him, you must also prove your accusations.

   Ça suffit!
   That's enough!

   Pour avoir le numéro de téléphone de l'Université, il suffit d'appeler les Renseignements.
   To get the University number, you simply call Information.

7. **Se borner à + infinitif**   *to limit oneself to, to be content with + present participle*

   Notre organisation ne fait pas de politique; elle se borne à encourager le commerce.
   Our organization doesn't engage in politics; we limit ourselves to encouraging trade.

   Il ne faut pas se borner à apprendre à lire le français; il faut aussi apprendre à le parler.
   One shouldn't be content with learning to read French; one must learn to speak it.

QUESTIONNAIRE NO. 5

Répondez par des phrases complètes aux questions suivantes:

1. Qui punit-on dans les prisons?
2. De quoi les prisonniers ont-ils été jugés coupables?
3. Pourquoi faut-il rééduquer les prisonniers?
4. Avez-vous jamais commis un acte illégal?
5. Si les prisons servent à punir, quels problèmes se posent?
6. Qu'est-ce que personne ne peut nier?
7. Si l'on ne veut pas punir les prisonniers, que suffit-il de faire?
8. Quel livre suffit-il de consulter pour trouver la définition d'un mot?
9. Quel droit la société refuse-t-elle aux prisonniers?
10. Quelle est la responsabilité de la société envers les prisonniers?
11. Si l'on veut les rééduquer, qu'est-ce qui rend la tâche plus difficile?
12. De quoi faut-il convaincre les prisonniers?
13. De quoi faut-il convaincre l'étudiant pour qu'il étudie les langues étrangères?
14. En êtes-vous convaincu?

15. A quoi faut-il soustraire les prisonniers que l'on veut rééduquer ?
16. De quoi une famille est-elle composée ?
17. Où existe-t-il des prisons modèles ?
18. Sur quoi y met-on l'accent ?
19. Que prouvent les résultats que l'on y obtient ?
20. A votre avis, sur quoi devrait-on mettre l'accent dans une université modèle ?

EXERCICE 6

DISCUSSION SUR LA CONFÉRENCE

L'INTERLOCUTRICE : Monsieur, ce que vous avez dit est tout à fait intéressant et je pense que, dans l'ensemble, vous avez raison.[1] Mais ne croyez-vous pas que, dans certains cas, la réhabilitation soit impossible ?

LE CONFÉRENCIER : Franchement, je ne sais pas. En fin de compte, nous sommes loin de bien comprendre ce qui pousse un être humain à adopter des conduites asociales. Peut-être y a-t-il une explication biologique ? Les psychiatres pensent que les traumatismes de l'enfance en sont responsables. Quant à moi,[2] je soupçonne que, dans la majorité des cas, il s'agit de[3] réactions violentes aux frustrations et aux tensions de la vie de tous les jours. Il faudrait pouvoir identifier ces frustrations et ces tensions, puis les éliminer si possible. Mais il est évident que c'est plus facile à dire qu'à faire.

L'INTERLOCUTEUR : Monsieur, quelles mesures prend-on dans les prisons modèles qui ne sont pas prises dans les prisons traditionnelles ?

LE CONFÉRENCIER : Oh, il y en a beaucoup. L'une en particulier me semble très intéressante. Non seulement on y apprend un métier aux prisonniers qui n'en ont pas, mais on leur paye un salaire pour le travail qu'ils font. De cette manière, la vie en prison n'est plus entièrement sans espoir. En outre, quand le prisonnier est relaxé, il possède un peu d'argent, ce qui lui permet de vivre en attendant de[4] trouver un emploi. En principe, donc, il ne sera pas automatiquement tenté de voler pour se nourrir.

L'INTERLOCUTEUR : Mais n'est-il pas vrai que les gens[5] hésitent généralement à embaucher les personnes qui sortent de prison ?

LE CONFÉRENCIER : Cela va sans dire,[6] et c'est tout à fait compréhensible. Là aussi, les autorités pénitentiaires devraient faire un gros effort, et essayer de convaincre les employeurs lorsque le prisonnier semble mériter confiance. De tels[7] services coûtent cher, mais le contribuable ne doit pas oublier que rechercher, juger et emprisonner un délinquant coûte encore plus cher.

L'INTERLOCUTRICE : Je pense, pour ma part,[8] que pour lutter contre le crime, il suffit de punir les criminels.

LE CONFÉRENCIER : C'est un point de vue, et il semble parfaitement logique, à première vue. Mais le fait est que la méthode que vous proposez n'a jamais réussi. L'homme est un animal compliqué, et les problèmes qu'il pose sont rarement simples.

VOCABULAIRE

le **compte** *the account*
  en fin de compte *when all is said and done*
le **contribuable** *the taxpayer*
convaincre *to convince*
dans l'ensemble *on the whole, by and large*
embaucher *to hire*
un **emploi** *a job, employment*
en outre *furthermore*
un **espoir** *a hope*
le **fait** *the fact*
franchement *frankly*
lutter *to fight, to struggle*

le **métier** *the skill, the trade*
nourrir *to feed*
prendre *to take*
le **principe** *the principle*
relaxer *to release from prison*
réussir *to succeed*
sembler *to seem*
le **soupçon** *the suspicion*
soupçonner *to suspect*
tenter *to tempt*
tout à fait *quite*
voler *to steal*
la **vue** *the sight*

EXPRESSIONS IDIOMATIQUES

1. **Avoir raison** Voir p. 8.

2. **Quant à X** *as far as X is concerned, as for X*

   Tu feras ce que tu voudras; quant à moi, je reste à la maison.
   You do what you want; as far as I am concerned, I'm staying home.

   La Bourse de Paris tombe; quant à celle de New-York, elle monte.
   The Paris stock market is falling; as for the New York market, it is rising.

On peut également dire **pour ma (ta, sa, notre, etc.) part**.

Tu feras ce que tu voudras; pour ma part, je reste à la maison.
La Bourse de Paris tombe; celle de New-York, pour sa part, monte.

3. **Il s'agit de**   *the question is, the matter at hand is, we are dealing with*

   Il s'agit de savoir qui est responsable.
   The question is, who is responsible?

   De quoi s'agit-il?
   What is this about?

   Dans ce film, il s'agit de la lutte contre la fièvre jaune.
   This film deals with the fight against yellow fever.

   Mais il ne s'agit pas de ça!
   But that's not the point!

   Le directeur m'a parlé de vous; il s'agit de vous confier un travail délicat.
   The director spoke to me about you; they are thinking of entrusting you with a delicate assignment.

   Il ne faut pas oublier que **s'agir de** ne peut avoir pour sujet que **il** impersonnel:

   This book deals with economic policy.
   Dans ce livre, il s'agit de politique économique.

   To save lives is our main concern.
   Avant tout, il s'agit pour nous de sauver des vies.

4. **En attendant**   *meanwhile, in the meantime (in the sense of "while waiting")*
   En attendant de + infinitif   *while waiting to, pending*
   En attendant que + proposition au subjonctif   *while waiting*

   J'ai rendez-vous à une heure; je vais me promener en attendant.
   I have a date at one; I'll go for a walk in the meantime.

   Il a emprunté à ses amis en attendant de trouver un emploi.
   He borrowed from his friends while waiting to find a job.

   Je lui ai donné de l'aspirine en attendant que le docteur arrive.
   While waiting for the doctor to come, I gave him some aspirin.

5. Il ne faut pas confondre :

   a. **Le peuple :** l'ensemble des personnes qui composent une société

   > Le peuple français, le peuple élu, les peuples de l'Europe...
   > *The French (people), the chosen people, the peoples of Europe...*
   > Le peuple français élit ses représentants au suffrage universel.
   > *The French (people) elect their representatives by universal suffrage.*
   > Le Président Gonzalez apporte au peuple français le salut du peuple argentin.
   > *President Gonzalez brings greetings to the French (people) from the Argentinian people (the Argentinians).*

   Dans ce sens, **le peuple français** est synonyme de **les Français, le peuple juif** est synonyme de **les Juifs,** etc.

   Le peuple veut aussi dire *the common people,* par opposition à **les nobles** ou à **les bourgeois :**

   > En 1789, le peuple s'est soulevé contre la tyrannie du roi et de la noblesse.
   > *In 1789, the common people rose against the tyranny of the king and the nobility.*
   > Je ne suis pas fils de bourgeois, je suis un enfant du peuple.
   > *I am not a son of the bourgeoisie, I am a child of the common people.*

   b. **Les gens :** un nombre indéterminé de personnes

   > Les gens n'aiment pas qu'on se moque d'eux.
   > *People don't like to be made fun of.*
   > Les misanthropes trouvent que les gens sont méchants.
   > *Misanthropes think that people are no good.*
   > La plupart des gens ne comprennent pas les théories d'Einstein.
   > *Most people don't understand Einstein's theories.*

   c. **Du monde :** s'emploie généralement comme synonyme de **beaucoup de personnes,** avec **il y a.**

   > Hier soir, il y avait beaucoup de monde au théâtre.
   > *Last night there were lots of people at the theater.*
   > Les vendeurs ambulants vont là où il y a du monde.
   > *Street vendors go wherever there is a crowd.*

Il y a peu de monde dans les rues à trois heures du matin.
There aren't many people in the streets at three A.M.

d. Les personnes :   un nombre défini d'individus

Les personnes qui désirent parler lèveront la main.
People who wish to speak will raise their hands.

Il y avait à peu près cinq cents personnes au théâtre.
There were about five hundred persons in the theater.

On voit que ces quatre expressions peuvent se traduire en anglais par *people*. Remarquer la traduction de ce mot dans les phrases suivantes :

The people of England are known for their sense of humor.
Le peuple anglais est connu pour son sens de l'humour.

Government of the people, by the people, and for the people.
Le gouvernement du peuple, par le peuple, et pour le peuple.

Power to the people!
Le peuple au pouvoir!

People are funny.
Les gens sont drôles.

Poor people, their daughter died.
Pauvres gens, leur fille est morte.

Can rich people understand poor people?
Est-ce que les (gens) riches peuvent comprendre les (gens) pauvres ?

Were there many people at the reception?
Y avait-il beaucoup de monde à la réception ?

How many people here speak Spanish?
Combien de personnes parlent espagnol, ici ?

6. **Il va sans dire que**   *it goes without saying that*
   Cela va sans dire   *that goes without saying*

Il va sans dire que je vous aiderai.
It goes without saying that I'll help you.

Je vous aiderai, ça va sans dire.
I'll help you, that goes without saying.

7. **Un tel**   Voir p. 19.

8. **Pour ma part**   Voir ci-dessus, no. 2.

QUESTIONNAIRE NO. 6

Répondez par des phrases complètes aux questions suivantes :

1. Quels commentaires l'interlocutrice fait-elle sur la conférence ?
2. Quelle question pose-t-elle ?
3. Que sommes-nous loin de bien comprendre ?
4. Selon les psychiatres, qu'est-ce qui est responsable des conduites asociales ?
5. Que sont les conduites asociales, d'après le conférencier ?
6. Que faudrait-il faire, d'après lui ?
7. Est-ce aussi facile à faire qu'à dire ?
8. Quelle question pose l'interlocuteur ?
9. Qu'est-ce que l'on apprend aux prisonniers dans les prisons modèles ?
10. Pourquoi la vie n'est-elle plus sans espoir, dans les prisons modèles ?
11. Que peut faire le prisonnier qui a un peu d'argent lorsqu'il est relaxé ?
12. Que ne sera-t-il pas automatiquement tenté de faire ?
13. A quoi hésitent les gens ?
14. Que devraient faire les autorités pénitentiaires ?
15. Qu'est-ce que les contribuables ne doivent pas oublier ?
16. D'après l'interlocutrice, que suffit-il de faire pour lutter contre le crime ?
17. Quelle objection le conférencier oppose-t-il à cette théorie ?
18. Par quelle remarque philosophique le conférencier termine-t-il ?
19. Quelles mesures proposeriez-vous pour rééduquer les criminels ?
20. A votre avis, que doit-on faire lorsqu'un prisonnier refuse la rééducation ?

EXERCICE 7

UNE DISPUTE

Pierre: Ah! Martin, bonjour, mon vieux, je suis content de te voir. Ça va?

Martin: Ça va, et toi?

P: Oh, moi, tu me connais, ça va toujours bien. Écoute, j'ai un service à te demander.[1] Voilà: j'ai écrit un poème. Si tu veux bien,[2] je vais te le lire, et tu me diras ce que tu en penses.[3]

M: Pierre, on est copains depuis toujours. Tu es un garçon sympathique, délicieux, la perle des hommes. Mais s'il y a une chose que je déteste, c'est qu'on me lise des poèmes. Si tu veux ma chemise, elle est à toi; mais ne me demande pas de juger tes œuvre.

P: Qu'est-ce que tu racontes?[4] Pourquoi pas?

M: Parce que je mens très mal. Si ton poème est mauvais, je te le dirai, tu seras vexé, et on finira par[5] se fâcher.

P: Mais pas du tout! Si tu le trouves mauvais, dis-le-moi, un point, c'est tout,[6] je ne serai pas tout vexé.

M: Non, je t'assure. Tout, mais pas ça.

P: Mais si, mais si, j'y tiens.[7]

M: Tu es sûr?

P: Certain. Voici:

> L'amour est volage
> On ne peut en cage
> L'emprisonner.
> Ton cœur est comme lui
> J'attends dans la nuit
> Ma destinée.

C'est le début. Il te plaît?

M: Heuh!...

P : Quoi ? Il ne te plaît pas ?
M : Et bien, Mon Dieu, il est…, c'est assez…, comment dirai-je,[8] c'est assez…
P : Bref, il ne te plaît pas. Allez,[9] avoue !
M : Et bien, franchement, non, il ne me plaît pas beaucoup.
P : Bien sûr. Parce que tu crois que tu ferais mieux ?
M : Sûrement pas ; mais, moi, je n'essaye même pas.
P : Et tu as bien raison,[10] tu es aussi doué pour la poésie que moi pour la danse du ventre ! J'ai toujours pensé que tu n'y comprenais rien.[11] C'est ma faute, j'aurais dû m'adresser à quelqu'un de compétent.[12] D'ailleurs, tous les grands poètes ont été des incompris : Verlaine, Mallarmé, Éluard…
M : Victor Hugo, Shakespeare, toi, Homère…
P : Quel crétin ! Ce n'est pas croyable !
M : Tu as mille fois raison. Bon, je te quitte, j'ai une course à faire. Téléphone-moi un de ces jours, quand tu te seras calmé. On ira prendre un verre ensemble.
P : Imbécile ! Idiot ! Crétin ! Bourgeois !

VOCABULAIRE

avouer *to confess, to admit*
bref *to make a long story short*
le **cœur** *the heart*
le **copain** *the pal, the buddy*
la **course** *the errand; the race*
croyable *believable*
d'ailleurs *besides*
le **début** *the beginning, the start*
délicieux, délicieuse *delightful; delicious*
la **dispute** *the quarrel*
doué *gifted*
écouter *to listen*
essayer *to try*
fâcher *to anger*
  se **fâcher** *to get mad [at each other]*

incompris *misunderstood*
mentir *to lie*
une **œuvre** *work [of art or literature]*
quitter *to leave*
le **service** *the favor, the service*
sûr *sure*
  bien sûr *of course*
tout *anything, everything, all*
le **ventre** *the stomach*
  la danse du ventre *belly dancing*
le **verre** *the glass*
  prendre un verre *to have a drink*
vieux ; mon vieux *old; old man*
volage *flighty*

EXPRESSIONS IDIOMATIQUES

1. **Demander un service à quelqu'un**   *to ask someone a favor*
   Avoir un service à demander   *to have a favor to ask*

   Il viendra vous voir; il a un service à vous demander.
   He'll come see you; he has a favor to ask (of you).

2. **Vouloir bien**   *to accept, to be willing*

   Je veux bien vous prêter de l'argent, mais je ne peux pas vous embaucher.
   I am willing to lend you some money, but I can't hire you.

   —J'ai très envie de voir l'exposition; tu viens avec moi?
   —Je veux bien.
   —I'd really like to see the exhibition; are you coming along?
   —Willingly.

3. Il ne faut pas confondre:

   Je pense à lui   *I think of (about) him*

   et

   Je pense du bien (du mal) de lui   *I have a good (a bad) opinion of him.*

   Elle pense à son travail, à son mari, à ses enfants; elle n'a pas le temps de penser à la politique.
   She thinks of her work, of her husband, about her children; she has no time to think about politics.

   Pendant que j'y pense, voici le livre que tu m'as prêté.
   While I think of it, here is the book you lent me.

   A quoi penses-tu?
   What are you thinking about?

   Si on passait nos vacances au Maroc? Qu'est-ce que tu en penses?
   Why don't we spend our vacation in Morocco? What do you think (about it)?

4. **Raconter** s'emploie souvent comme synonyme de **dire,** avec une nuance ironique ou péjorative.

   Qu'est-ce qu'il raconte?
   What is he talking about?

Elle ne raconte que des bêtises.
She's always talking nonsense.

Il m'a raconté que son professeur le persécute, mais je n'en crois pas un mot.
He's told me his professor persecutes him, but I don't believe a word of it.

5. **Finir par + infinitif**   *to end up (by) + present participle; to finally...*

    Si vous continuez à vous moquer de moi, on finira par se fâcher.
    If you keep making fun of me, we'll end up (by) quarrelling.

    Ça a pris du temps, mais j'ai fini par comprendre.
    It took some time, but I finally understood.

    Après beaucoup d'hésitations, j'ai fini par me décider.
    After much hesitation, I finally made up my mind.

6. **Un point, c'est tout**   *period; and that's that*

    Je n'épouserai pas ta cousine, un point, c'est tout.
    I won't marry your cousin, and that's that.

7. **Tenir à**   *to insist (upon); to value, to be attached to*

    Nous tenons à lire vos poèmes, nous y tenons beaucoup.
    We'd like to read your poems, we really insist.

    —J'ai envie d'aller au concert; tu viens avec moi?
    —Si tu y tiens.
    —*I feel like going to the concert; are you coming along?*
    —*If you insist.*

    Je tiens à ce tableau; c'est ma fille qui me l'a donné.
    I am attached to this painting; my daughter gave it to me.

8. **Comment dirai-je?**   *how shall I put it?*

    Votre fils n'est pas bête, il est... comment dirai-je? un peu lent.
    Your son isn't stupid, he is... how shall I put it? a little slow.

9. **Va! Allez! Allons!**   Ces interjections sont pratiquement synonymes et peuvent se traduire par ***come on!*** ou ***go on!***

10. **Avoir raison**   Voir p. 8.

11. **Ne rien comprendre à**   *to understand nothing about*

    Il ne comprend rien à la philosophie existentialiste.
    He doesn't understand a thing about existentialist philosophy.

    Je n'y comprends rien!
    I don't understand. I can't figure it out!

    Ils s'aiment, et pourtant ils se battent tout le temps; on n'y comprend rien.
    They're in love, and yet they fight all the time; who can figure it?

12. **Quelqu'un (quelque chose) de + adjectif**   *someone (something) + adjective*

    Nous comptons vous inviter avec quelqu'un de très sympathique, notre amie Madame Turlay.
    We intend to invite you with someone very nice, our friend Mrs. Turlay.

    Il fait une chaleur épouvantable; je boirais bien quelque chose de froid.
    It's terribly hot; I'd really like something cold to drink.

QUESTIONNAIRE NO. 7

Répondez aux questions suivantes par des phrases complètes:

1. Quel service Pierre veut-il demander à Martin?
2. Quels compliments Martin fait-il à Pierre?
3. Qu'est-ce que Martin déteste?
4. Expliquez ce qu'il veut dire par: "Si tu veux ma chemise, elle est à toi."
5. Pourquoi ne veut-il pas écouter le poème de son ami?
6. D'après le poème, qu'est-ce qu'on ne peut pas faire à l'amour?
7. Qu'est-ce que Pierre veut que son ami fasse, s'il trouve son poème mauvais?
8. Quelle autre expression Pierre aurait-il pu employer à la place de "j'y tiens"?
9. Pourquoi Martin hésite-t-il après avoir entendu le début du poème?
10. Est-ce que Martin croit qu'il pourrait écrire lui-même un poème meilleur?
11. Qu'est-ce que c'est que la danse du ventre?

12. Pierre croit que son ami ne comprend rien à quoi ?
13. A qui aurait-il dû s'adresser ?
14. Comment Martin se moque-t-il de la vanité de son ami ?
15. Pourquoi quitte-t-il Pierre ?
16. Que lui demande-t-il de faire ?
17. De quels noms le mauvais poète traite-t-il son ami ?
18. Dites-moi ce que vous pensez du poème.
19. Quand vous pensez à votre poète favori, à qui pensez-vous ?
20. Quelle formule choisiriez-vous pour inviter votre professeur à prendre un verre ?

EXERCICE 8

LA LUTTE CONTRE LA POLLUTION (La présidente d'une association de lutte contre la pollution s'adresse aux[1] membres de l'association)

MESDAMES, MESDEMOISELLES, MESSIEURS, MES CHERS CONCITOYENS:
Comme vous le savez, notre association n'existe que depuis deux mois, mais nous avons déjà fait du bon travail, grâce à[2] l'activité et au dévouement de vous tous. Je vais rapidement résumer ce soir ce que nous avons accompli, et ce que nous comptons accomplir[3] dans les prochaines semaines.

Le problème le plus grave est certainement la pollution de notre petit fleuve, le Chérois. Comme sa source est à deux kilomètres d'ici,[4] ses eaux sont pures quand elles entrent dans notre ville. Quand elles en sortent, elles sont déjà très polluées. Ce ne sont pas nos égouts qui en sont responsables, puisque nous possédons une usine de traitement. C'est presque entièrement l'usine de textiles Giscard Frères qui est en faute, puisqu'elle y déverse des déchets tant organiques qu'inorganiques.[5] Nous avons consulté Maître Bosquet: légalement, Giscard Frères est dans son droit, tant que de nouveaux règlements n'arrivent pas de Paris. Nous avons été voir le directeur, Monsieur Charles Giscard (qui est parmi nous ce soir). Il nous a assuré que la direction allait engager les services d'une entreprise qui se charge de[6] l'élimination des déchets et de leur transformation en engrais. Nous avons donc bon espoir de voir la pollution du Chérois pratiquement éliminée dans les mois à venir. Par ailleurs, le Conseil municipal vient d'interdire[7] l'usage des canots à moteur, ce qui réduira non seulement la pollution, mais également le bruit dont se plaignent, avec raison, les riverains et les pêcheurs.

Le cimetière de voitures qui fait face au château va disparaître. Son propriétaire avait systématiquement refusé de suivre les règlements en vigueur. Il a été condamné à quinze mille francs d'amende, et a décidé de vendre son affaire. Le Conseil municipal vient de voter[7] les crédits nécessaires pour acheter le terrain et y faire aménager[8] un jardin public.

Les prochains problèmes auxquels notre association va s'attaquer sont l'élimination des taudis de la rue Lefèvre, et les mauvaises conditions sanitaires de l'abattoir départemental. J'espère que vous voudrez bien[9] continuer à travailler avec nous pour que notre ville serve de modèle[10] aux autres municipalités de la région, et même de la France entière. Je vous remercie, et je laisse la parole à[11] notre trésorier, Maître Bosquet.

VOCABULAIRE

un **abattoir** *a stockyard; a slaughterhouse*
une **affaire** *a business*
ailleurs *elsewhere*
  par **ailleurs** *moreover*
aménager *to build; to organize, to set up*
une **amende** *a fine*
attaquer *to attack*
  s'**attaquer à** *to tackle*
le **bruit** *the noise*
le **canot** *the boat*
compter *to intend*
le **concitoyen** *the fellow-citizen*
le **conseil** *the council; the counsel, the advice*
les **crédits** *the appropriations*
le **déchet** *the waste*
départemental *of the "département" [French administrative subdivision]*
déverser *to discharge; to dump*
le **dévouement** *the devotion*
le **droit** *the right*
un **égout** *a sewer*
un **engrais** *a fertilizer*

une **entreprise** *a business concern*
faire face à *to face*
la **faute** *the fault, the mistake*
  être en **faute** *to be at fault*
le **fleuve** *the river*
interdire *to prohibit*
la **lutte** *the struggle, the fight*
Maître *title given to attorneys [replaces "Monsieur"]*
parmi *among*
le **pêcheur** *the fisherman*
plaindre *to pity*
  se **plaindre de** *to complain about*
le **règlement** *the regulation*
résumer *to summarize*
le **riverain** *the riverside resident*
signaler *to point out*
tant que *so long as*
le **taudis** *the slum*
le **traitement** *the treatment*
une **usine** *a factory, a plant*
à **venir** *coming*
la **vigueur** *the vigor*
  en **vigueur** *in force, existing [law or regulation]*

EXPRESSIONS IDIOMATIQUES

1. **S'adresser à quelqu'un** *to address someone, to speak to someone*

Ce soir à vingt heures, sur la deuxième chaîne, le Président de la République s'adressera au pays.
This evening at eight, on channel two, the President of the Republic will address the country.

A qui faut-il s'adresser pour avoir un renseignement?
Whom should I see to get some information?

Monsieur, ce n'est pas à vous que je m'adresse.
Sir, I'm not speaking to you.

2. **Grâce à**   *thanks to*

C'est grâce à son avocat qu'il n'est pas en prison.
It's thanks to his lawyer that he's not in prison.

On dit que le niveau de vie s'élèvera grâce au contrôle des naissances.
They say that the standard of living will rise thanks to birth control.

3. **Compter + infinitif**   *to intend to, to hope to*

—Quand est-ce que vous comptez payer vos dettes?
—Je compte les payer le mois prochain.
—When do you intend to repay your debts?
—I hope to repay them next month.

Remarquer également:

Compter sur quelqu'un ou sur quelque chose   *to count on, to depend on someone or something*

Vous pouvez compter sur elle; elle est très consciencieuse.
You can count on her; she is very dependable.

Il compte toujours sur la bonne volonté d'autrui.
He is always counting on other people's good will.

4. **A + (mesure de distance) + de**   *(measure of distance) from*

Lyon est à cinq cents kilomètres de Paris.
Lyons is three hundred miles from Paris.

La route est à deux cents mètres d'ici.
The road is two hundred yards from here.

5. **Tant A que B**   *A as well as B*

Je suis partisan de l'enseignement des langues étrangères tant à l'école primaire qu'au lycée.
I am in favor of teaching foreign languages in grade school as well as in high school.

EXERCICE 8 | 43

Tant en France qu'en Angleterre, les étrangers doivent avoir un permis de séjour.
In France as well as in England, foreigners must have a residence permit.

6. **Se charger de**   *to undertake; to deal with, to take care of*

    Le Secrétaire veut bien se charger d'organiser la réunion.
    The Secretary is willing to undertake organizing the meeting.

    Ne vous inquiétez pas, je m'en charge.
    Don't worry, I'll deal with it.

    Notre librairie se charge de l'expédition des livres.
    Our book store takes care of mailing out the books.

7. **Venir de + infinitif**   Voir p. 5.

8. **Faire + infinitif**   *to have (to make) someone or something + verb*

    Ne me faites pas rire.
    Don't make me laugh.

    Je vais faire taper cette lettre par ma secrétaire.
    I'll have my secretary type this letter.

    Je me suis fait faire deux complets à Londres.
    I had two suits made for me in London.

    Je n'arrive pas à lui faire comprendre ce que je veux.
    I can't make him understand what I want.

    Va te faire couper les cheveux.
    Go get a haircut.

9. **Vouloir bien**   Voir p. 37.

10. **Servir de**   *to be used as, to serve as*

    Sur la table, un fer à cheval doré servait de presse-papier.
    On the table, a golden horseshoe served as a paperweight.

    De quoi te sers-tu pour fabriquer ces bijoux fantaisie ?
    What do you use to make this costume jewelry?

    Je ne peux pas te prêter mon crayon, je m'en sers.
    I can't lend you my pencil, I'm using it.

Voir également **Servir à,** p. 14.

11. **Laisser (donner, passer) la parole à quelqu'un**   *to give the floor to someone*

   Je proposerai un amendement si on me laisse la parole.
   I'll propose an amendment if they give me the floor.

QUESTIONNAIRE NO. 8

Répondez par des phrases complètes aux questions suivantes :
1. A qui s'adresse la présidente ?
2. L'association existe-t-elle depuis longtemps ?
3. Grâce à quoi l'association a-t-elle fait du bon travail ?
4. De quoi la présidente va-t-elle parler ?
5. Quel est, pour la ville, le problème le plus grave ?
6. A quelle distance de la ville se trouve la source du Chérois ?
7. Les égouts sont-ils responsables de la pollution ? Pourquoi ?
8. Qui est en faute ?
9. Qu'est-ce que la direction de Giscard Frères a promis de faire ?
10. De quoi se charge l'entreprise à laquelle s'est adressé Giscard Frères ?
11. Quel est l'espoir de l'association en ce qui concerne les eaux du Chérois ?
12. Que vient d'interdire le Conseil municipal ?
13. Qui se plaignait du bruit ?
14. Où se trouve le cimetière de voitures, et que va-t-il lui arriver ?
15. A quoi son propriétaire a-t-il été condamné, et pourquoi ?
16. Qu'est-ce que le Conseil municipal vient de voter ?
17. Quels sont les problèmes auxquels l'association compte s'attaquer ?
18. A qui la ville servira-t-elle un jour de modèle ?
19. A qui la présidente laisse-t-elle la parole ?
20. Dans une société industrielle, qui est responsable de la pollution atmosphérique ?

EXERCICE 9

LE MONDE OÙ L'ON S'ENNUIE

Le Général : Chère Madame Dalembert, quel plaisir de vous revoir !

Mme Dalembert : Général !* Je ne savais pas que vous seriez des nôtres.[1] Quelle bonne surprise ! Comment va votre chère épouse ? Et vos enfants, que deviennent ces charmants jeunes gens ?

Le G : Ma femme ne va pas trop bien, Chère Madame ; ses rhumatismes la font souffrir[2] de temps en temps, surtout quand il pleut, mais vous la connaissez, elle est si courageuse ! Je ne l'entends jamais se plaindre. Mon fils Jacques, l'aîné, vient d'être promu[3] capitaine ; nous sommes très fiers de lui. On dit qu'il est parfois un peu trop strict pour ses hommes ; mais, vous savez, un régiment sans discipline c'est comme une voiture sans essence : ça ne peut pas marcher.

Mme D : Oh, Général, toujours aussi spirituel ! Toutes mes félicitations ! Et votre fils Antoine ?

Le G : Ah, celui-là, ne m'en parlez pas ! C'est la honte de la famille, il finira par nous déshonorer.[4] Figurez-vous qu'il est devenu journaliste, et dans un journal de gauche,[5] avec ça. Il attaque le gouvernement, le patronat…l'armée, même ! Inutile de vous dire[6] que je ne le vois pas souvent. Chaque fois que nous nous rencontrons, nous nous engueulons comme des chiffoniers (excusez mon vocabulaire de vieux militaire). Enfin, c'est la vie ! Et votre mari ?

Mme D : Il va très bien, ce cher homme. Mais je ne le vois pratiquement jamais, il passe sa vie[7] à l'usine. Ces maudits syndicats lui

---

* Un homme dirait "Mon Général, Mon Colonel," etc. Une femme dirait plutôt "Général, Colonel."

47

Le G :   rendent la vie bien difficile.[8] Les ouvriers d'aujourd'hui se croient tout permis. Nous vivons dans une triste époque.

Le G :   A qui le dites-vous![9] Ma femme a encore dû renvoyer la bonne. C'est la troisième cette année qui trouve qu'on ne la paye pas assez, et qu'on lui donne trop de travail. Croyez-moi, un peu de discipline, voilà ce qui manque. Si ces jeunes créatures servaient sous mes ordres, je me chargerais bien[10] de les dresser.

Mme D :   Je n'en doute pas,[11] et ça leur ferait le plus grand bien! Oh, mais je vois qu'on sert du thé. Auriez-vous l'amabilité de m'en chercher une tasse?

Le G :   Avec grand plaisir, Chère Madame. Franchement, moi, je préfèrerais un bon verre de gros rouge, mais il faut se contenter de ce qu'il y a. A la guerre comme à la guerre,[12] n'est-ce pas?

Mme D :   Oh, Général! Avec vous on ne s'ennuie jamais.

VOCABULAIRE

aîné, aînée   *elder, first-born*
une **amabilité**   *a kindness, a courtesy*
avec ça   *to boot*
la **bonne**   *the maid*
le **chiffon**   *the rag*
  le **chiffonier**   *the rag-picker*
devenir   *to become*
dresser   *to tame, to train [animals]*
engueuler (vulgaire)   *to bawl out*
  s'**engueuler** (vulgaire)   *to quarrel*
ennuyer   *to bore*
  s'**ennuyer**   *to be bored*
une **époque**   *an era, times*
un **époux**, une **épouse**   *a spouse*
une **essence**   *a gasoline*
la **félicitation**   *the congratulation*
fier, fière   *proud*
se **figurer**   *to imagine*
du **gros rouge** (familier)   *cheap red wine*
la **honte**   *the shame*

manquer   *to be lacking*
marcher   *to function, to work; to walk, to march*
maudit   *damned (not vulgar in French)*
le **militaire**   *the soldier*
le **monde**   *the world; the society, high society*
un **ouvrier**   *a worker*
parfois   *sometimes*
le **patron**   *the boss*
  le **patronat**   *employers, management*
plaindre   *to pity*
  se **plaindre**   *to complain*
promouvoir   *to promote*
rencontrer   *to meet*
renvoyer   *to fire*
souvent   *often*
spirituel   *witty*
surtout   *above all, especially*
le **syndicat**   *the trade union*
triste   *sad*
une **usine**   *a factory, a plant*

EXPRESSIONS IDIOMATIQUES

1. **Les miens (les tiens, les siens, les nôtres, les vôtres, les leurs)** *my (your, his, etc.) family, people, side*

    Je ne peux pas nourrir les miens avec ce que vous me payez.
    I can't feed my family on what you pay me.

    Si tu n'es pas heureux avec nous, rentre chez les tiens.
    If you aren't happy with us, go back to your own people.

    Malgré leur résistance acharnée, les nôtres ont perdu.
    Despite their desperate resistance, our side lost.

    Être des nôtres (des vôtres)   *to join us (you); to be among us (you)*

    —Voulez-vous déjeuner avec nous?
    —Je regrette, je ne pourrai pas être des vôtres, j'ai un rendez-vous.
    —*Would you like to join us for lunch?*
    —*I'm sorry, I won't be able to join you, I have an appointment.*

    Les Legrand seront des nôtres demain soir.
    The Legrands will be among us tomorrow evening.

2. **Faire + infinitif**   Voir p. 44.

3. **Venir de + infinitif**   Voir p. 5.

4. **Finir par + infinitif**   Voir p. 38.

5. **Un journal (un homme, un parti, etc.) de gauche (de droite)** *a left-wing (right-wing) newspaper (man, party, etc.)*

    Bien des Français qui prétendent être des hommes de gauche agissent en hommes de droite.
    Many Frenchmen who claim to be left-wingers act like right-wingers.

    De gauche peut également se traduire par *liberal*, **de droite** par *conservative*.

    Comment Leblanc, qui est un homme de gauche, peut-il écrire dans un journal de droite?
    How can Leblanc, who is a liberal, write for a conservative newspaper?

EXERCICE 9 | 49

6. **Inutile de dire**   *needless to say*
   Inutile de vous dire   *I don't need to tell you*

   Il m'a demandé de préfacer son livre; inutile de vous dire que j'ai refusé.
   He asked me to write a preface to his book; I don't need to tell you that I refused.

7. **Passer + expression de temps**   *to spend + expression of time*

   S'il parle bien l'arabe, c'est qu'il a passé trois ans en Égypte.
   If he speaks Arabic well, it's because he spent three years in Egypt.

   J'ai passé mes vacances à préparer ma conférence.
   I spent my vacation preparing my lecture.

   Elle collectionne les timbres; elle y passe tout son temps.
   She collects stamps; she spends all her time at it.

8. **Rendre la vie difficile (impossible) à quelqu'un**   *to make someone's life difficult (impossible)*

   Ses enfants lui rendent la vie difficile, mais son mari la lui rend impossible.
   Her children make her life difficult, but her husband makes it impossible.

9. **A qui le dites-vous!**   *you're telling me!*

   —Je trouve que ce quartier devient dangereux.
   —A qui le dites-vous! J'ai été attaqué la semaine dernière.
   —*I think this neighborhood is becoming unsafe.*
   —*You're telling me! I was mugged last week!*

10. **Se charger de**   Voir p. 44.

11. **Douter de**   *to doubt*

    Je ne doute pas de son honnêteté, je doute de sa compétence.
    I don't doubt his honesty, I doubt his competence.

    Vous êtes sincère, je n'en doute pas, personne n'en doute.
    I don't doubt that you're sincere, no one doubts it.

    Remarquer aussi:

    Se douter de quelque chose   *to suspect something*

    Il est très malade, et il ne s'en doute même pas.
    He is very sick, and he doesn't even suspect it.

Faisons une réception en son honneur; mais elle ne doit se douter de rien, ce sera une surprise.
Let's give a party in her honor; but she musn't suspect a thing, it'll be a surprise.

12. **A la guerre comme à la guerre** *when you have to rough it, you have to rough it; that's the way things are*

J'aurais bien pris un taxi, mais comme je n'ai pas d'argent, j'irai à pied: à la guerre comme à la guerre.
I would just as soon take a cab, but since I don't have any money, I'll walk: when you have to rough it, you have to rough it.

QUESTIONNAIRE NO. 9

Répondez par des phrases complètes aux questions suivantes:

1. Si nous allions prendre le thé chez une dame du monde, est-ce que vous seriez des nôtres?
2. Pourquoi est-ce que la femme du général ne va pas trop bien?
3. Pourquoi le général dit-il que sa femme est courageuse?
4. Que dit-on du fils aîné du général?
5. A quoi est-ce que le général compare un régiment sans discipline, et pourquoi?
6. Que pense le général de son fils Antoine?
7. Quel travail fait ce jeune homme?
8. Qu'est-ce qu'il attaque, dans ses articles?
9. Que se passe-t-il chaque fois qu'il rencontre son père?
10. Pourquoi le général dit-il: "Excusez mon vocabulaire de vieux militaire"?
11. Pourquoi Madame Dalembert ne voit-elle pratiquement jamais son mari?
12. Qu'est-ce qui caractérise les ouvriers d'aujourd'hui?
13. Pourquoi est-ce que les bonnes ne veulent pas travailler chez le général?
14. Que ferait-il, si elles servaient sous ses ordres?
15. Que demande Madame Dalembert au général?
16. Qu'est-ce que le général aurait préféré?
17. Pourquoi le général dit-il: "A la guerre comme à la guerre"?

18. Pourquoi est-il drôle d'entendre cette expression dans la bouche d'un général ?
19. Pourquoi Madame Dalembert est-elle heureuse d'avoir rencontré le général à la réception ?
20. Est-ce que vous trouvez qu'on s'ennuie dans les réceptions ?

EXERCICE 10

MON PREMIER VOYAGE EN AVION

Au moins ma place est près de la fenêtre..., pardon, du hublot, comme on dit dans l'aviation. Je vais donc pouvoir regarder par le hublot. Regarder par le hublot? Tu parles![1] Même sans regarder, ce ne sera déjà pas mal si je ne m'évanouis pas de peur.[2] Tiens! voilà l'hôtesse. Qu'est-ce qu'elle offre? Des bonbons? Moi, ce serait plutôt un tranquillisant qu'il me faudrait. Elle est jolie, mais elle semble nerveuse.... Je parie que le pilote ne lui inspire pas confiance. Allons, allons,[3] je dis des bêtises. Du point de vue statistique, je risque moins en avion qu'en train ou en autocar. Évidemment, si l'avion s'écrase, je suis bon pour la morgue.[4] Ma femme sera veuve et mes enfants orphelins. Les pauvres petits, qu'est-ce qu'ils vont devenir? En tous cas,[5] j'ai bien fait de prendre une grosse assurance.

—*Mesdames, Mesdemoiselles, Messieurs, le Commandant Cauvin et son équipage vous souhaitent la bienvenue[6] à bord de la Caravelle "Château de Chinon." Nous comptons décoller[7] dans quelques minutes et arriver à l'aéroport de Berlin-Tegel à 22 heures 30. Les prévisions météorologiques sont bonnes, sauf au-dessus de la vallée de la Ruhr, où nous risquons de rencontrer[8] quelque turbulence. Nous vous prions d'attacher vos ceintures de sécurité et de ne pas fumer. Merci.*

Comment,[9] quelque turbulence? C'est sûrement une tempête. Ils sont fous de voler[10] par un temps pareil. Ah, là, là! et dire que j'aurais pu prendre le train!... Ces moteurs font un bruit bizarre, ce n'est sûrement pas normal. Je me demande si ma ceinture est assez serrée.... J'ai l'impression d'être assis sur une chaise électrique. Ça y est,[11] on roule. C'est extraordinaire, les autres passagers ne semblent pas s'en faire.[12] Ils ne se rendent pas compte du danger.[13] Ma voisine lit un journal de mode, c'est bien le moment de penser à sa toilette, lorsqu'on risque de mourir d'un moment à l'autre.[14] Tiens, on s'arrête. Qu'est-ce qu'il y a?[15] Ils ont dû se rendre compte[13] que quelque chose ne marche pas. Ah, on repart.

53

Oh, ce qu'on va vite![16]... Décolle! Mais décolle, bon sang! Allez, décolle!... Ça y est![11] On grimpe.... Ouf! Ça va mieux. Il me semble que j'ai un peu moins peur. Oui, seulement, il va falloir atterrir. Je ne veux même pas y penser. En tous cas,[5] ma décision est prise,[17] c'est la première et la dernière fois que je monte dans une de ces machines. L'avion, c'est bon pour les casse-cou: moi, je suis trop vieux pour les émotions fortes.

VOCABULAIRE

une **assurance**   *an insurance policy*
atterrir   *to land*
  un **atterrissage**   *a landing*
un **autobus**   *a [municipal] bus*
un **autocar**   *a [long-distance] bus*
au moins   *at least*
la **bêtise**   *the nonsense, the stupidity*
la **bienvenue**   *the welcome*
bon sang!   *Good Lord! Great Scott!*
le **bonbon**   *the candy*
le **bruit**   *the noise*
le **casse-cou** (invariable)   *the daredevil*
la **confiance**   *the confidence*
le **décollage**   *the take-off*
  décoller   *to take off [for a plane]*
se **demander**   *to wonder*
devenir   *to become*
écraser   *to crush, to run over*
  s'**écraser**   *to crash*
un **équipage**   *a crew*
s'**évanouir**   *to faint, to pass out*
évidemment   *of course*

fou, folle   *mad*
fumer   *to smoke*
grimper   *to climb*
une **hôtesse**   *a stewardess*
un **hublot**   *a porthole*
inquiet, inquiète   *worried*
marcher   *to function, to work, to run*
la **mode**   *the fashion*
pareil, pareille   *such a*
parier   *to bet*
la **peur**   *the fear*
la **place**   *the seat, the place*
la **prévision**   *the forecast*
rouler   *to roll, to taxi*
sauf   *except*
serrer   *to tighten, to squeeze*
souhaiter   *to wish*
tiens!   *well!*
la **toilette**   *the dress, the get-up [of a woman]*
le **veuf**, la **veuve**   *the widower, the widow*
le **voisin**, la **voisine**   *the neighbor*
voler   *to fly*

EXPRESSIONS IDIOMATIQUES

1. **Tu parles!**, dans le langage familier, s'utilise comme confirmation (parfois ironiquement) et peut généralement se traduire par *oh, sure* ou *you bet!*

54 | LA PRATIQUE DU FRANÇAIS PARLÉ

—Tu comptes acheter une Rolls-Royce?
—Tu parles! Tu me prends pour un millionnaire?
—*Are you thinking of buying a Rolls-Royce?*
—*Oh, sure! Do you take me for a millionnaire?*

—Tu as eu peur, en avion?
—Tu parles! J'ai failli m'évanouir.
—*Were you scared on the plane?*
—*You bet I was! I nearly passed out.*

2. **S'évanouir de peur**   *to faint from fear*

   Sur le même modèle, remarquer:

   Mourir de faim   *to starve, to die of hunger*
   Sauter de joie   *to jump with joy*
   Trembler de froid   *to shiver from the cold*
   Rougir de honte   *to blush with shame*

3. **Allons!**   Voir p. 38.

4. **Être bon pour**   *to be fit for*

   Seul les jeunes gens en parfaite santé sont bons pour le service.
   Only young men in perfect health are fit for military duty.

5. **En tous cas**   Voir p. 13.

6. **Souhaiter la bienvenue à quelqu'un**   *to welcome someone*

   Monsieur le Président, au nom du peuple français, j'ai l'honneur de vous souhaiter la bienvenue.
   Mr. President, in the name of the people of France, I am honored to welcome you.

   Sur le même modèle, remarquer:

   Souhaiter la Bonne Année à quelqu'un   *to wish someone a Happy New Year*
   Souhaiter bonne chance (de la chance) à quelqu'un   *to wish someone luck*

7. **Compter + infinitif**   Voir p. 43.

EXERCICE 10 | 55

8. **Risquer de + infinitif**   *to risk, to be liable to*

   Dépêchons-nous, je ne veux pas risquer d'arriver en retard.
   Let's hurry, I don't want to risk being late.

   Si l'agriculture de notre pays ne se modernise pas, elle risque de perdre ses marchés.
   If our country's agriculture is not modernized, it is liable to lose its markets.

9. **Comment!**   Voir p. 14.

10. **Être fou de + infinitif**   *to be mad to + infinitive*

    Sur le même modèle, remarquer:

    Je suis bête de ne pas avoir deviné.
    I am foolish not to have guessed.

    Vous êtes bien impoli de me parler sur ce ton.
    It is very rude of you to speak to me in this tone of voice.

    Elle est admirable d'avoir gardé son sang-froid.
    How admirable of her to have remained calm.

11. **Ça y est!**   *there we go! it's happened! it's done!*

    Ça y est! Le coût de la vie a encore augmenté le mois dernier.
    There we go! The cost of living went up again last month.

    Ça y est! La peine de mort est enfin abolie.
    It's happened! The death penalty has finally been abolished.

    —Est-ce que ma voiture est prête?
    —Ça y est! Je viens de finir la réparation.
    —*Is my car ready?*
    —*All done! I've just finished fixing it.*

12. **S'en faire**   expression familière, qui s'utilise surtout au négatif: **to worry**

    Il prend la vie du bon côté, il ne s'en fait jamais.
    He looks on the bright side of things, he never worries.

    (Ne) t'en fais pas, ça s'arrangera.
    Don't worry, everything will be all right.

A l'affirmatif, on dirait plutôt **se faire du souci** ou **se faire du mauvais sang**.

On comprend qu'il se fasse du souci: il vient de perdre sa place.
You can understand his being worried: he's just lost his job.

Mon fils devrait être rentré depuis une heure; je commence à me faire du mauvais sang.
My son should have been back an hour ago; I'm beginning to worry.

13. **Se rendre compte de quelque chose**   *to realize something*

    Quand les Allemands se sont rendus compte qu'Hitler était un fou dangereux, il était trop tard.
    When the Germans realized Hitler was a dangerous madman, it was too late.

    —Vous rendez-vous compte de ce que vous dites?
    —Je m'en rends parfaitement compte.
    —Do you realize what you're saying?
    —I realize it perfectly.

14. **D'un moment à l'autre**   *any moment*

    Remarquer également:

    D'une minute à l'autre   *any minute*
    D'un jour à l'autre   *any day*

    On attend la démission du ministre d'un jour à l'autre.
    The minister's resignation is expected any day.

15. **Qu'est-ce qu'il y a?**   *what's the matter?*

    —Qu'est-ce qu'il y a? Pourquoi est-ce que le train s'arrête?
    —Je ne sais pas ce qu'il y a. C'est peut-être une panne.
    —What's the matter? Why is the train stopping?
    —I don't know what the matter is. Maybe it's a breakdown.

    On peut dire également:

    Qu'est-ce qui se passe? ou **qu'est-ce qui arrive?**   *what's happening?, what's going on?*

16. **Ce que...!**   *how...!*

    Ce que j'ai faim!
    How hungry I am!

EXERCICE 10

Ce que cette fille est intelligente!
How bright this girl is!

Ce que....! est synonyme de **Comme**...!

Comme j'ai faim!
Comme cette fille est intelligente!

17. **Prendre une décision** *to make up one's mind, to reach a decision*

Assez hésiter! Prends une décision.
Enough hesitating! Make up your mind.

Ma décision est prise: je prends l'autocar.
My mind is made up: I'm taking the bus.

Le Comité a levé la séance sans prendre de décision.
The Committee closed the meeting without reaching a decision.

QUESTIONNAIRE NO. 10

Répondez par des phrases complètes aux questions suivantes:

1. Où est la place du voyageur?
2. Qu'est-ce que l'hôtesse offre aux passagers?
3. Qu'est-ce que le voyageur aurait préféré, à la place d'un bonbon?
4. Quelle explication trouve-t-il à la nervosité de l'hôtesse?
5. Du point de vue statistique, est-ce qu'on risque plus en autocar qu'en avion?
6. Quelle est une autre façon de dire: "Je suis bon pour la morgue"?
7. Pourquoi le voyageur pense-t-il avoir bien fait de prendre une assurance?
8. Quelles sont les prévisions météorologiques?
9. Qu'est-ce que les passagers sont priés de faire au décollage?
10. Pourquoi le voyageur pense-t-il que le pilote et son équipage sont fous?
11. Que pense-t-il du bruit des moteurs?
12. Quelle impression a-t-il, une fois qu'il a attaché sa ceinture?
13. Qu'est-ce qui le surprend, lorsqu'il regarde les autres passagers?
14. Qu'est-ce que la voisine du voyageur est en train de faire?

15. Pourquoi pense-t-il que ce n'est pas le moment de faire ça?
16. Quand l'avion s'arrête, qu'est-ce que le voyageur s'imagine?
17. A quoi ne veut-il même pas penser?
18. Quelle décision a-t-il prise?
19. D'après lui, l'avion, c'est bon pour qui?
20. Pourquoi est-ce que le voyageur ne prendra jamais plus l'avion?

EXERCICE 11

UNE INTERVIEW (Le Ministre de l'Éducation nationale est interviewé par une journaliste)

La J : Monsieur le Ministre, vous revenez d'un voyage d'étude aux États-Unis. Vous avez pu visiter certaines universités privées, les universités de plusieurs états et quelques universités municipales. Quelles sont vos impressions d'ensemble ?

Le M : Eh bien, tout d'abord j'ai été frappé par la grande diversité qui caractérise les établissements d'éducation supérieure aux États-Unis. Diversité de tailles : j'ai vu des macro-universités, pour ainsi dire,[1] qui comptaient plusieurs dizaines[2] de milliers d'étudiants, et des micro-collèges qui n'en comptaient que quelques centaines. Diversité de disciplines, aussi : certains étudiants se spécialisent en micro-biologie, par exemple, ou écrivent des mémoires sur les œuvres de jeunesse de Léon Tolstoï, alors que leurs camarades peuvent se spécialiser en écologie sub-tropicale, disons, ou même écrire sur les origines et l'histoire du patinage artistique.

La J : Cela semblerait indiquer que les Américains ont, du rôle de l'université dans la société, une conception différente de la nôtre.

Le M : Sans aucun doute. Et, dans un sens, elle me semble plus démocratique. Le prestige universitaire ne s'attache pas seulement, comme chez nous,[3] à une série de disciplines traditionnelles. Il n'y a pratiquement pas un aspect de la vie intellectuelle, professionnelle et je dirais même personnelle, qui ne puisse être intégré dans les programmes d'études. Et il y a autre chose qui m'a beaucoup frappé : le nombre très élevé d'adultes déjà entrés dans la vie professionnelle qui commencent ou qui continuent leurs études supérieures, généralement grâce aux[4] cours du soir. J'ai rencontré des gens qui avaient passé la quarantaine[5] et qui allaient obtenir leur diplôme, après six, sept années d'études et parfois plus. Chez nous,[3] comme vous le savez, c'est pratiquement impossible.

La J : Mais, pour en revenir à la jeunesse, avez-vous eu l'impression qu'elle soit satisfaite du[6] système ?

Le M : Il m'est difficile d'en juger, surtout après un voyage si rapide. Nous savons tous que les étudiants américains veulent des changements, tout comme leurs camarades d'autres pays. J'ai eu l'impression que les autorités universitaires américaines—professeurs et administrateurs—sont, dans l'ensemble, plus disposées qu'ailleurs à écouter ce que disent les étudiants, à discuter avec eux, à leur permettre de participer à la direction et à la gestion. La flexibilité, la capacité d'adaptation des universités me semble un atout précieux, qui manque, hélas, à[7] notre propre système.

VOCABULAIRE

ailleurs *elsewhere*
alors *then*
  alors que *while*
un **atout** *a trump card; an advantage*
comme *as*
  tout comme *just as*
d'abord *first*
  tout d'abord *first of all*
discuter *to talk, to argue, to discuss*
disons *let's say*
disposé *disposed, ready, willing*
eh (et) bien *well*
ensemble *together*
  d'ensemble (adjectif) *general*
  dans l'ensemble *on the whole, by and large*
frapper *to strike; to impress*

la **gestion** *the managing, the running*
hélas ! *alas!, unfortunately*
le **mémoire** *the long paper, the thesis*
le **millier** *the thousand*
l'**œuvre** *the [literary or artistic] work*
parfois *at times*
le **patin** *the skate*
  le **patinage** *skating*
  le **patinage artistique** *figure skating*
propre *own*
revenir *to come back*
le **sens** *the sense*
la **taille** *the size*
tout comme *just as*

EXPRESSIONS IDIOMATIQUES

1. **Pour ainsi dire**   *so to speak; practically*

    Le racisme est, pour ainsi dire, une maladie de l'âme.
    Racism is a sickness of the soul, so to speak.

    En Suède, le paupérisme a pour ainsi dire disparu.
    In Sweden, poverty has practically disappeared.

    Le général De Gaulle a été, pour ainsi dire, la Jeanne d'Arc du XXème siècle.
    General De Gaulle was, so to speak, the Joan of Arc of the 20th century.

2. **Une dizaine**   *ten, about ten*

    En une dizaine d'années, la population de Strasbourg a augmenté de douze pour cent.
    In about ten years the population of Strasburg rose by twelve percent.

    Plusieurs dizaines de milliers de machines à écrire ont été importées par la Belgique.
    Tens of thousands of typewriters were imported by Belgium.

    Sur le même modèle, remarquer :

une douzaine	*twelve, about twelve*
une vingtaine	*twenty, about twenty*
une trentaine	*thirty, about thirty*
etc.	
une centaine	*a hundred, about a hundred*

3. **Chez**   *at the home or place of business of; among*

    Si elle n'est pas chez elle, elle est peut-être chez sa sœur.
    If she isn't home, perhaps she is at her sister's.

    Mesdames, vous trouverez chez nous des produits de qualité à des prix très intéressants.
    Ladies, we are offering quality products at very moderate prices.

    Chez nous, les femmes ne sortent pas en bigoudis, comme en Amérique.
    In our country, women don't go out into the street wearing hair curlers, as they do in America.

4. **Grâce à**   Voir p. 43.

EXERCICE 11 | 63

5. **La quarantaine**   *the forties (years of age)*

> Leur fils approche de la quarantaine et n'est pas encore marié.
> *Their son is nearly forty and is not married yet.*
>
> Les hommes qui ont passé la quarantaine ne seront pas mobilisés.
> *Men over forty will not be drafted.*
>
> Sur le même modèle, remarquer:
>
> | | |
> |---|---|
> | **la trentaine** | *the thirties* |
> | **la cinquantaine** | *the fifties* |
> | **la soixantaine** | *the sixties* |

6. **Être + adjectif + de + quelque chose ou quelqu'un**   *to be + adjective + with, of, or for something or someone*

> Êtes-vous satisfait des résultats?
> *Are you happy with the results?*
>
> Je suis fier de mon fils.
> *I am proud of my son.*
>
> Nous vous sommes reconnaissants de votre attention.
> *We are grateful to you for your attention.*

7. **Manquer à quelque chose ou à quelqu'un**   *to be lacking in something or someone; to be missed by*

> Maintenant que mes enfants ont quitté la maison, ils me manquent beaucoup.
> *Now that my children have left home, I miss them very much.*
>
> Ce qui manque à l'industrie française, ce sont des sources d'énergie bon marché.
> *What French industry lacks is cheap sources of energy.*
>
> Il manque un bouton à ma chemise.
> *My shirt is missing a button.*
>
> Remarquer également:
>
> **Manquer de quelque chose**   *to lack something*
>
> Votre style n'est pas incorrect, mais il manque d'élégance.
> *Your style is not incorrect, but it lacks elegance.*
>
> L'industrie française manque de sources d'énergie bon marché.
> *French industry lacks cheap sources of energy.*

LA PRATIQUE DU FRANÇAIS PARLÉ

QUESTIONNAIRE NO. 11

Répondez par des phrases complètes aux questions suivantes :

1. D'où revient le ministre ?
2. Quels genres d'universités a-t-il visitées ?
3. Qu'est-ce qu'il appelle une macro-université ?
4. Dans quelle discipline avez-vous l'intention de vous spécialiser ?
5. Qu'est-ce qu'on appelle les œuvres de jeunesse d'un écrivain ?
6. De quoi les Américains et les Français ont-ils une conception différente ?
7. A quoi s'attache le prestige universitaire en France ?
8. Qu'est-ce que les Américains ont pu intégrer dans leurs programmes d'études ?
9. Comment les adultes peuvent-ils faire des études supérieures ?
10. Dans combien d'années allez-vous obtenir votre diplôme ?
11. A quel âge comptez-vous entrer dans la vie professionnelle ?
12. Avez-vous l'impression que vos camarades soient, dans l'ensemble, satisfaits du système universitaire ?
13. D'après le ministre, qu'est-ce que nous savons tous ?
14. Qu'est-ce qu'on appelle "les autorités universitaires" ?
15. A quoi les autorités universitaires américaines sont-elles généralement disposées ?
16. Avez-vous l'impression de participer à la gestion de votre université ?
17. Qu'est-ce qui semble au ministre français un atout précieux ?
18. Pourquoi dit-il : "hélas !" ?
19. Quelle est la différence entre une université municipale et l'université d'un état ?
20. D'après ses réponses, pensez-vous que le ministre a été favorablement impressionné par son voyage d'étude ?

EXERCICE 12

LA COMPARAISON INTENSIVE (Un étudiant français bavarde avec un camarade américain)

F : As-tu jamais remarqué que lorsque les Français parlent ils emploient souvent des noms d'animaux dans la comparaison intensive ?

A : La comparaison intensive ? Qu'est-ce que c'est que ça ?[1]

F : C'est une figure de rhétorique qui sert à[2] donner plus de force à un adjectif ou à un verbe. Par exemple, *ce garçon est malin comme un singe* ou *ma fille est bavarde comme une pie*.

A : Je vois ce que tu veux dire. Mais pourquoi dit-on *bavard comme une pie* ? Et d'abord, qu'est-ce que c'est qu'une pie ?[1]

F : C'est un oiseau noir et blanc qui fait beaucoup de bruit.

A : Ah, bon, je comprends. On dit aussi que quelqu'un *nage comme un poisson* ou *dort comme une marmotte*, j'ai appris ça en classe.

F : Voilà. D'ailleurs, il n'y a pas que les noms d'animaux. Certains noms de nationalité sont employés également. Tiens, puisque tu t'appelles Mickiewicz, tu es sûrement d'origine polonaise. Et bien, en français, on dit de quelqu'un qui a trop bu qu'il est *saoul comme un Polonais*.

A : Ce n'est pas gentil ! Et si tu veux mon avis, il y a plus d'ivrognes en France que dans n'importe quel[3] autre pays.

F : Bon, bon, ne te fâches pas ! Je n'ai pas envie de me battre[4] avec toi, tu es *fort comme un Turc*. Et d'ailleurs, ce n'est pas de toi qu'il s'agit ;[5] comme tu ne bois jamais d'alcool, tu es *sobre comme un chameau*.

A : Et toi, *bête comme tes pieds* !

F : Oh, mais, bravo ! Tu fais des progrès. Ce n'est pas de toi qu'on peut dire : *il parle français comme une vache espagnole*.

A : Qu'est-ce que ces pauvres ruminants ont à voir avec[6] la langue de Molière ?

F : C'est une déformation. On disait autrefois *comme un Basque espagnol** et, avec le temps, c'est devenu *comme une vache espagnole.*

A : Et après ça les Français prétendent être le peuple le plus logique de la terre!

F : Mais, dis-moi, tu es de bien mauvaise humeur[7] aujourd'hui. Permets-moi de te dire que tu es *aimable comme une porte de prison.*

A : Écoute, arrête, tu deviens idiot. D'ailleurs cette conversation est *ennuyeuse comme la pluie....* Allons, bon![8] Ça doit être contagieux!

F : Bon, j'arrête. Un dernier exemple. Quand quelqu'un a l'habitude de dire[9] des mensonges, on dit qu'il *ment comme un arracheur de dents.*

A : Je ne comprends pas.

F : C'est pourtant simple: quand tu vas te faire arracher[10] une dent, le dentiste t'assure toujours que ça ne va pas faire mal. Et ça fait toujours mal. Donc, il *ment comme un arracheur de dents.*

A : C'est possible. Moi, je ne vais jamais chez le dentiste...ni chez le médecin non plus, d'ailleurs.

F : Mais oui, on le sait, que tu *te portes*[11] *comme le Pont Neuf.*

A : Quoi?

F : Malgré son nom, le Pont Neuf est le plus vieux pont de Paris. Comme il est très solide, on dit de quelqu'un qui est en parfaite santé: *il se porte comme le Pont Neuf.*

A : Quelle langue fatigante! J'aurais mieux fait d'apprendre l'espagnol.

VOCABULAIRE

aimable *kind, pleasant*
arracher *to pull out, to tear off*
  arracheur *one who pulls out, who tears off*
autrefois *in the past, formerly*
un **avis** *an opinion; an announcement*
battre *to beat*
  se **battre** *to fight*

bavard *talkative*
  bavarder *to chat*
bête *stupid*
le **bruit** *the noise*
le **chameau** *the camel*
d'abord *first*
d'ailleurs *besides*
la **dent** *the tooth*

---

*Les Basques sont un groupe ethnique habitant des deux côtés des Pyrénées, sur la côte atlantique. En plus du français ou de l'espagnol, les Basques parlent une langue aux origines mal connues, qui n'a de rapport avec aucune autre langue européenne.

68 | LA PRATIQUE DU FRANÇAIS PARLÉ

devenir *to become*
dormir *to sleep*
ennuyeux, ennuyeuse *boring*
eh (et) bien *well*
fâcher *to anger*
  se fâcher *to get mad*
faire mal *to hurt*
gentil *nice, pleasing*
un ivrogne *a drunkard*
malgré *despite*
malin, maline *shrewd, cunning, clever*
la marmotte *the marmot [European woodchuck]*

le mensonge *the lie*
mentir *to lie*
nager *to swim*
la pie *the magpie*
le poisson *the fish*
pourtant *nevertheless, and yet*
prétendre *to claim*
remarquer *to notice, to remark*
le ruminant *the ruminant [cud-chewing animal]*
la santé *the health*
saoul (familier) *drunk*
le singe *the monkey, the ape*

EXPRESSIONS IDIOMATIQUES

1. On emploie l'expression **qu'est-ce que c'est que...?** *(what is...?)* lorsqu'on demande une définition.

   —Qu'est-ce que c'est qu'un képi?
   —C'est une coiffure militaire française.
   —*What is a képi?*
   —*It is a French military headdress.*

   —Qu'est-ce que c'est que ça?
   —C'est le programme du concert de demain.
   —*What is this?*
   —*It is the program of tomorrow's concert.*

2. **Servir à**   Voir p. 14.

3. **N'importe quel + nom**   *(just) any + noun*

   Avec ce billet, vous pouvez partir n'importe quel jour de la semaine.
   With this ticket, you can leave any day of the week.

   Vous trouverez de l'aspirine dans n'importe quelle pharmacie.
   You'll find aspirin in (just) any pharmacy.

Remarquer également:

N'importe comment   *any way, in any fashion*

Je ne sais pas ce qui sera décidé; n'importe comment, je vous le ferai savoir.
I don't know what will be decided; anyway, I'll let you know.

Une réforme électorale ne se fait pas n'importe comment, il faut la préparer soigneusement.
An electoral reform is not made in any old way, it must be carefully prepared.

N'importe où   *(just) any place*

En France, on ne peut pas acheter des cigarettes n'importe où; il faut les acheter dans un bureau de tabac.
In France, you can't buy cigarettes just anywhere; you must buy them in a tobacco shop.

N'importe quand   *(just) any time*

Votre voiture est prête; venez la chercher n'importe quand.
Your car is ready; come pick it up any time.

N'importe qui   *(just) anyone*

N'importe qui peut apprendre le grec; il suffit de travailler.
Anybody can learn Greek; all you have to do is work.

N'importe quoi   *(just) anything*

Pour gagner de l'argent, il fera n'importe quoi.
He'll do just anything to make money.

4. **Avoir envie de**   Voir p. 24.

5. **Il s'agit de**   Voir p. 31.

6. **Avoir à voir avec**   *to have something to do with*

Cette expression s'emploie surtout à l'interrogatif et au négatif.

Qu'est-ce que la philosophie de Kant a à voir avec la poésie romantique?
What does Kant's philosophy have to do with romantic poetry?

Les origines sociales d'une personne n'ont rien à voir avec ses droits politiques.
A person's social origins have nothing to do with his political rights.

7. **Être de bonne (de mauvaise) humeur** *to be in a good (in a bad) mood*

> Ne dérangez pas le patron, il est de très mauvaise humeur; attendez qu'il soit de meilleure humeur.
> *Don't bother the boss, he is in a very bad mood; wait until he is in a better mood.*

8. **Allons, bon!** est une interjection qui sert à marquer la surprise ou le mécontentement; elle pourrait se traduire par *oh, come on!* ou par *darn!,* selon le cas.

> Allons, bon! C'est encore lui? Je croyais qu'il était parti.
> *Oh, come on! Him again? I thought he had left.*

> Allons, bon! Le téléphone est encore en dérangement.
> *Darn! The phone is out of order again.*

9. **Avoir l'habitude de + infinitif** *to be in the habit of (to become used to) + present participle*

> Je n'ai pas l'habitude d'acheter des choses dont je n'ai pas besoin.
> *I am not in the habit of buying things I don't need.*

> Il est très malheureux au régiment: il n'a pas l'habitude de recevoir des ordres.
> *He is very unhappy in the army: he is not used to receiving orders.*

Remarquer également:

Prendre l'habitude de + infinitif *to get into the habit of (to become used to) + present participle*

> Je ne veux pas que mon fils prenne l'habitude d'acheter des choses dont il n'a pas besoin.
> *I don't want my son to get into the habit of buying things he doesn't need.*

> Au régiment, il a pris l'habitude d'obéir sans chercher à comprendre.
> *In the army, he got used to obeying without trying to understand.*

10. **Faire + infinitif** Voir p. 44.

11. **Se porter (bien, mal)** *to be in (good, bad) health*

> Il a plus de quatre-vingts ans, mais il se porte bien.
> *He is over eighty, but he is in good health.*

Le malade ne se porte pas trop mal, mais il n'est pas encore complètement rétabli.
The patient's condition is not too bad, but he has not completely recovered yet.

Fumez moins, vous vous porterez mieux.
Smoke less, you'll be healthier.

QUESTIONNAIRE NO. 12

Répondez par des phrases complètes aux questions suivantes :

1. Qu'est-ce que les Français emploient souvent dans la conversation ?
2. A quoi sert la comparaison intensive ?
3. Donnez deux exemples de comparaisons intensives.
4. Qu'est-ce que c'est qu'une pie ?
5. Que dit-on d'une personne qui nage très bien ?
6. Comment diriez-vous en français : "He is sleeping like a log" ?
7. Comment sait-on que l'Américain est d'origine polonaise ?
8. De quelle origine est votre nom de famille ?
9. D'après l'Américain, y a-t-il beaucoup d'ivrognes en France ?
10. Pourquoi le Français n'a-t-il pas envie de se battre avec son camarade ?
11. L'Américain est-il souvent saoul ?
12. Que dit-on d'une personne qui parle mal le français ?
13. Expliquez l'origine de cette expression.
14. Que prétendent les Français ?
15. Pourquoi l'expression "aimable comme une porte de prison" est-elle ironique ?
16. Pourquoi l'Américain dit-il : "Allons, bon ! Ça doit être contagieux" ?
17. Que font les dentistes lorsqu'ils se préparent à vous arracher une dent ?
18. Comment sait-on que l'Américain se porte comme le Pont-Neuf ?
19. Qu'est-ce que c'est que le Pont-Neuf ?
20. Qu'est-ce que l'Américain aurait mieux fait de faire ?

EXERCICE 13

BARBARA
Jacques Prévert (n. 1900)

Rappelle-toi Barbara
Il pleuvait sans cesse sur Brest* ce jour-là
Et tu marchais souriante
Épanouie ravie ruisselante
Sous la pluie   5
Rappelle-toi Barbara
Il pleuvait sans cesse sur Brest
Et je t'ai croisée rue de Siam†
Tu souriais
Et moi je souriais de même   10
Rappelle-toi Barbara
Toi que je ne connaissais pas
Toi qui ne me connaissais pas
Rappelle-toi
Rappelle-toi quand même ce jour-là   15
N'oublie pas
Un homme sous un porche s'abritait
Et il a crié ton nom
Barbara
Et tu as couru vers lui sous la pluie   20
Ruisselante ravie épanouie
Et tu t'es jetée dans ses bras
Rappelle-toi cela Barbara

---

* Port militaire français sur la côte bretonne, dévasté par les bombardements entre 1940 et 1944.
† Une des rues principales de Brest.

Et ne m'en veux pas[1] si je te tutoie[2]
Je dis tu à tous ceux que j'aime
Même si je ne les ai vus qu'une seule fois
Je dis tu à tous ceux qui s'aiment
Même si je ne les connais pas
Rappelle-toi Barbara
N'oublie pas
Cette pluie sage et heureuse
Sur ton visage heureux
Sur cette ville heureuse
Cette pluie sur la mer
Sur l'arsenal
Sur le bateau d'Ouessant*
Oh Barbara
Quelle connerie la guerre
Qu'es-tu devenue[3] maintenant
Sous cette pluie de fer
De feu d'acier de sang
Et celui qui te serrait dans ses bras
Amoureusement
Est-il mort disparu ou bien encore vivant
Oh Barbara
Il pleut sans cesse sur Brest
Comme il pleuvait avant
Mais ce n'est plus pareil et tout est abîmé
C'est une pluie de deuil terrible et désolée
Ce n'est même plus l'orage
De fer d'acier de sang
Tout simplement des nuages
Qui crèvent comme des chiens
Des chiens qui disparaissent
Au fil de l'eau sur Brest
Et vont pourrir au loin
Au loin très loin de Brest
Dont il ne reste rien.

(1946)

---

* La pittoresque île d'Ouessant, célèbre pour son phare, est reliée à Brest par un service régulier de bateaux.

VOCABULAIRE

abîmer *to spoil, to ruin*
  s'abîmer *to sink [of a ship]*
  abîmé *spoiled, ruined; sank [of a ship]*
abriter *to shelter*
l'acier (m.) *steel*
la connerie (argot vulgaire) *idiocy, stupidity*
crever *to burst [in slang: to die]*
croiser *to meet, to pass [a person or vehicle]*
de même *similarly, also*
le deuil *mourning*
disparaître *to disappear*
  le disparu *the missing (in military vocabulary)*
s'épanouir *to blossom; to light up [of a face]*
  épanoui *radiant*

le fer *iron*
au fil de l'eau *with the stream or current*
jeter *to throw*
le nuage *the cloud*
un orage *the storm*
ou bien *or else*
pourrir *to rot*
quand même *anyway, nevertheless*
ravir *to delight*
rester *to remain*
ruisseler *to stream down; to drip*
sage *wise; well behaved*
le sang *the blood*
sans cesse *continually, ceaselessly*
serrer *to hold tight*
souriant *smiling*
vers *toward*

EXPRESSIONS IDIOMATIQUES

1. **En vouloir à quelqu'un** *to bear someone ill-will, to hold a grudge against someone, to be angry at or resentful toward someone*

   J'ai conseillé à mon cousin d'acheter des actions d'une compagnie qui a fait faillite : il m'en a longtemps voulu.
   I advised my cousin to buy shares in a company that went bankrupt: he held it against me for a long time.

   Il ne faut pas lui en vouloir de ne pas vous avoir invité : elle est tellement distraite !
   You shouldn't be angry at her for not having invited you: she is so absent-minded!

   On comprend qu'il m'en veuille : j'ai épousé celle qu'il aimait.
   It's understandable that he resents me: I married the woman he loved.

EXERCICE 13 | 75

2. **Tutoyer quelqu'un**   *to use the familiar form of address with someone*

> On tutoie généralement les enfants, ses proches parents et ses amis intimes.
> *You generally use the familiar form of address with children, close relatives, and close friends.*
>
> Dans l'armée, il est interdit aux sous-officiers de tutoyer les hommes de troupe.
> *In the army, N.C.O.'s are forbidden to use the familiar form of address when speaking to private soldiers.*
>
> On se connaît depuis longtemps: si on se tutoyait?
> *We've known each other for a long time, why don't we say "tu" to each other?*

3. **Qu'est devenu...?**   *what became of...?*

> —Qu'est devenu votre ami Philippe?
> —Il a émigré en Argentine.
> —*Whatever became of your friend Philip?*
> —*He emigrated to Argentina.*

QUESTIONNAIRE NO. 13

Répondez par des phrases complètes aux questions suivantes:

1. Le poète a-t-il rencontré la jeune fille qu'il évoque avant, pendant, ou après la guerre?
2. Dans quelle partie de la ville le poète a-t-il croisé Barbara?
3. Quels adjectifs emploie-t-il pour caractériser Barbara?
4. Qui a crié le nom "Barbara"?
5. Qu'est-ce que Barbara a fait quand elle a vu l'homme qui l'avait appelée?
6. Pourquoi le poète tutoie-t-il Barbara?
7. Dans le souvenir du poète, sur qui tombait "une pluie sage et heureuse"?
8. Comment le poète qualifie-t-il les bombardements?
9. Que sont devenus Barbara et l'homme qu'elle aimait?
10. Pourquoi la pluie qui tombe à présent sur Brest est-elle "une pluie de deuil, terrible et désolée"?

11. Dans le contexte du poème, pourquoi l'image des nuages "qui crèvent comme des chiens" est-elle particulièrement forte ?
12. Au vers 38, après une longue évocation du bonheur d'avant-guerre, le poète emploie tout-à-coup une expression vulgaire. Pourquoi ?
13. Comment le poète évoque-t-il, aux vers 40 à 45, les quatre terribles années de guerre ?
14. Quand le poète écrit qu'il ne reste rien de Brest, pense-t-il uniquement à la destruction des bâtiments ?
15. Pourquoi pensez-vous que le poète a choisi de donner à la jeune fille qu'il évoque le nom de Barbara ?
16. Comment peut-on comprendre le vers 31, selon les deux significations de l'adjectif "sage" ?
17. Comment peut-on comprendre le vers 48, selon les deux significations du participe "abîmé" ?
18. Comment peut-on comprendre le vers 53, selon les deux significations du verbe "crever" ?

EXERCICE 14

LES QUATRE BACHELIERS
Paroles et musique de Georges Brassens

1

Nous étions quatre bacheliers
Sans vergogne
La vraie crème des écoliers
Des écoliers

Pour offrir aux filles des fleurs
Sans vergogne
Nous nous fîmes[1] un peu voleurs
Un peu voleurs

2

Les sycophantes du pays
Sans vergogne
Aux gendarmes nous ont trahis
Nous ont trahis

Et l'on vit quatre bacheliers
Sans vergogne
Qu'on emmène les mains liées
Les mains liées

3

On fit venir à la prison
Sans vergogne
Les parents des mauvais garçons
Mauvais garçons

Les trois premiers pères, les trois,
Sans vergogne
En perdirent[3] tout leur sang-froid
Tout leur sang-froid

4

Comme un seul[4] ils ont déclaré
Sans vergogne
Qu'on les avait déshonorés
Déshonorés

Comme un seul ont dit « C'est fini »
Sans vergogne
« Fils indigne je te renie
Je te renie »

79

5

Le quatrième des parents
Sans vergogne
C'était le plus gros, le plus grand,
Le plus grand

Quand il vint chercher son voleur
Sans vergogne
On s'attendait à[5] un malheur
A un malheur

6

Mais il n'a pas déclaré, non,
Sans vergogne
Que l'on avait sali son nom
Sali son nom

Dans le silence on l'entendit
Sans vergogne
Qui lui disait «Bonjour petit
Bonjour petit»

7

On le vit, on le croirait pas[6]
Sans vergogne
Lui tendre sa blague à tabac
Blague à tabac

Je ne sais pas s'il eut raison[7]
Sans vergogne
D'agir d'une telle façon[8]
Telle façon

8

Mais je sais qu'un enfant perdu
Sans vergogne
A de la corde de pendu*
De pendu

A de la chance[9] quand il a
Sans vergogne
Un père de ce tonneau-là
Ce tonneau-là

9

Et si les chrétiens du pays
Sans vergogne
Jugent que cet homme a failli
Homme a failli

Ça laisse à penser[10] que pour eux
Sans vergogne
L'Évangile c'est de l'hébreu †
C'est de l'hébreu
(bis)

---

* Selon une vieille superstition, un morceau d'une corde qui a servi à pendre un homme est un précieux porte-bonheur. "Avoir de la corde de pendu" veut donc dire "avoir de la chance."
† L'expression "pour moi, c'est de l'hébreu" correspond exactement à l'expression anglaise "*It's Greek to me.*"

80 | LA PRATIQUE DU FRANÇAIS PARLÉ

VOCABULAIRE

agir *to act*
le **bachelier** *someone who has graduated from [or is in his last year of] high school*
bis *Latin, meaning twice; in a song: repeat*
la **blague à tabac** *the tobacco pouch*
la **chance** *the luck*
le **chrétien** *the Christian*
la **corde** *the rope*
emmener *to take away*
l'**Évangile** (ou les **Évangiles**) *the Gospel(s)*
faillir (archaïque, dans ce sens) *to err, to sin*
indigne *unworthy, worthless*
lier *to tie, to bind*
le **malheur** *the misfortune*
  faire un malheur (familier) *to run amok; to do something irreparable*
le **mauvais garçon** *the hoodlum*

pendre *to hang*
  le **pendu** *the hanged man*
perdre *to lose*
le **porte-bonheur** *the good-luck charm*
renier *to deny someone*
salir *to dirty, to sully*
le **sang-froid** *the calm, the composure*
  perdre son sang-froid *to fly off the handle*
le **sycophante** *the sycophant; informer, toady, stool-pigeon*
tendre *to offer, to hold out*
le **tonneau** *the barrel; in nautical terminology, the tonnage [weight, capacity] of a ship; by extension: the caliber, the quality*
trahir *to betray*
la **vergogne** (archaïque) *the shame*
le **voleur** *the thief*

EXPRESSIONS IDIOMATIQUES

1. **Se faire...** *to become a...*

   Après avoir inventé une nouvelle façon de congeler les légumes, mon oncle s'est fait homme d'affaires.
   After having invented a new way of freezing vegetables, my uncle became a businessman.

   Comme il ne trouvait pas de travail, il s'est fait soldat.
   Since he couldn't find work, he became a soldier.

2. **Faire + infinitif** Voir p. 44.

3. **En + verbe**   *to + verb + because of it*

   Elle est tellement énervée qu'elle en perd le sommeil.
   She is so nervous that she can't sleep [because of it].

   Quand elle a appris la nouvelle, elle en a ri aux éclats.
   When she heard the news, it made her burst out laughing.

   Si j'ai encore ce genre d'ennuis l'année prochaine, j'en deviendrai fou.
   If I have this kind of trouble again next year, it'll drive me insane.

4. **Comme un seul** ou **comme un seul homme**   *as one man, one and all*

   Les habitants du village ont voté socialiste comme un seul homme.
   One and all, the people of the village voted for the Socialists.

5. **S'attendre à**   *to expect*

   L'État-major s'attendait à une offensive sur le front Est.
   The General Staff expected an offensive on the Eastern front.

   Si j'étais toi, je ne m'attendrais pas à ce qu'il accepte.
   If I were you, I wouldn't expect him to accept.

   Je m'y attendais! L'éditeur a refusé mon manuscrit.
   I knew it! The publisher rejected my manuscript.

6. **On le croirait pas** (forme familière de **on ne le croirait pas**) *incredible as it seems; who would have believed it?*

   On [ne] le croirait pas, mais le général De Gaulle avait le sens de l'humour.
   Incredible as it seems, General De Gaulle had a sense of humour.

   Votre père a plus de quatre-vingts ans? On [ne] le croirait pas.
   Your father is over eighty? That's hard to believe.

   Les expressions **ce n'est pas croyable** et **c'est incroyable** sont plus énergiques que **on [ne] le croirait pas.**

7. **Avoir raison**   Voir p. 8.

8. **D'une façon + adjectif**   *in a + adjective + way*

   Il s'exprime d'une façon claire et précise.
   He expresses himself in a clear and precise way.

De quelle façon voulez-vous procéder?
In what way do you want to proceed?

Il faut résoudre le problème d'une façon ou d'une autre.
The problem must be solved one way or another.

9. **Avoir de la chance**   *to be lucky*

Je suis sorti indemne de l'accident: j'ai eu de la chance.
I escaped unhurt from the accident: I was lucky.

Elle n'a pas eu beaucoup de chance dans la vie.
She didn't have much luck in life.

Tu en as de la chance!
Lucky you!

10. **Laisser à penser**   *to lead to suspect*

Sa conduite laisse à penser qu'il a quelque chose à cacher.
His conduct leads you to suspect that he has something to hide.

Votre réponse nous laisse à penser que vous n'avez pas compris la question.
Your answer leads us to suspect you didn't understand the question.

QUESTIONNAIRE NO. 14

Répondez par des phrases complètes aux questions suivantes:

1. Qu'est-ce que c'est qu'un bachelier?
2. Pourquoi les quatre bacheliers ont-ils volé?
3. Qui les a trahis aux gendarmes?
4. Qui a-t-on fait venir à la prison?
5. Les trois premiers pères sont-ils restés calmes?
6. Qu'ont-ils déclaré?
7. Qu'ont-ils dit tous les trois à leurs fils?
8. Pourquoi s'attendait-on à un malheur quand le quatrième père est arrivé?
9. Qu'est-ce que le quatrième père n'a pas déclaré, lui?
10. Qu'a-t-il fait lorsqu'il a vu son fils?
11. A votre avis, a-t-il eu raison d'agir comme il l'a fait?

12. Expliquez l'origine de l'expression "avoir de la corde de pendu."
13. Que veut-on dire par "un père de ce tonneau-là"?
14. Qu'est-ce que les chrétiens du pays vont peut-être penser?
15. De qui peut-on dire: "l'Évangile, pour lui, c'est de l'hébreu"?
16. Sait-on lequel des quatre bacheliers raconte l'histoire?

EXERCICES DE PRONONCIATION

N.B. Les signes employés dans les crochets sont ceux de l'association phonétique internationale.

1. La voyelle [a] : a, a, a.

    ami, Asie, art, alors, paradis, parabole, pharmacie, gala, Panama, passage.

2. La voyelle [ɛ] : ɛ, ɛ, ɛ.

    être, elle aime, aigle, père, mère, vert, espère, Berbère, Angleterre, elle préfère.

3. La voyelle [e] : e, e, e.

    école, étudier, séparer, désirer, hésiter, léopard, messager, pétrole, résister, théorie.

4. La voyelle [ø] : ø, ø, ø.

    heureux, querelle, le feu, le jeu, vieux, joyeux, fâcheux (*regrettable*), les bœufs (*oxen*), deux à deux, il pleut.

5. La voyelle [œ] : œ, œ, œ.

    heure, sœur, cœur, pleure, labeur, chauffeur, rigueur, rumeur, aviateur, manœuvre.

6. La voyelle [i] : i, i, i.

    idée, Italie, idiot, illicite, aspirine, midi, fini, visite, Paris, bikini.

7. La voyelle [o] : o, o, o.

    automobile, Ohio, eau chaude, couteau, bateau, noix de coco, il faut, le zoo, les animaux, le héros.

85

8. La voyelle [ɔ] : ɔ, ɔ, ɔ.

hôpital, horrible, homme, le vol, le bol, alors, bonne, fort, original, hostile.

9. La voyelle [u] : u, u, u.

oublier, ouvrir, couple, bouche, mourir, sourire, double, retour, camouflage, fou.

10. La voyelle [y] : y, y, y.

utile, usage, usine, bureau, cuisine, fusil, jury, musique, nuit, suicide.

11. La voyelle [ɑ̃] : ɑ̃, ɑ̃, ɑ̃.

enfant, entrez, entreprise, parent, chantant, Satan, prétendu (*so-called*), détendre (*to relax*), méchant, malentendu (*misunderstanding*).

12. La voyelle [ɛ̃] : ɛ̃, ɛ̃, ɛ̃.

un imbécile, incertain, bien, Américain, un patin (*skate*), un saint, un peintre, un chien, sympathique, un destin.

13. La voyelle [ɔ̃] : ɔ̃, ɔ̃, ɔ̃.

honte, Ontario, oncle, monter, sombre, bâton, maison, confondre, condition, bonbon.

14. Le son sion ([sjɔ̃]) : sion, sion, sion.

attention, passion, mission, fiction, information, fonction, partition, perfection, pension, sensation.

15. Le son zion ([zjɔ̃]): zion, zion, zion.

illusion, adhésion, décision, fusion, occasion, nous lisions, nous disions, allusion, concision, confusion.

16. Le son eil ([e:j]): eil, eil, eil.

abeille (*bee*), vermeil (*vermillion*), il paye, essaye, la veille (*the day before*), bouteille, Marseille, l'oseille (*sorrel*) le réveil (*the alarm clock*), balaye! (*sweep!*)

17. Le son ille ([i:j]): ille, ille, ille.

la fille, la bille (*the marble*), la famille, elle s'habille, la quille (*the keel*), ça brille, la cédille, le billard, l'aiguille (*the needle*), fillette (*girly*).

18. Le son œil ([œ:j]): œil, œil, œil.

un œil, un écureuil (*squirrel*), le seuil (*threshold*), je cueille (*I pick*), le deuil (*mourning*), feuille, orgueil (*pride*), recueil (*collection*), qu'il veuille, fauteuil.

19. Le son [r] : r, r, r.

rouge, rue, risque, rare, récréation, pur, triple, prison, Australie, barbare, tour, rancœur (*rancour*).

Comparer et répéter :

âme, aime	*soul, love*
homme, dôme	*man, dome*
utile, outil	*useful, tool*
bulle, boule	*bubble, ball*
murir, mourir	*ripen, die*
bureau, bourreau	*office, hangman*
été, était	*summer, was*
enfant, enfin	*child, finally*
parent, parrain	*parent, godfather*
Satan, satin	*Satan, satin*
tendre, teindre	*tender, dye*
fille, feuille	*daughter, leaf*
quille, cueille	*skittle, pick*
bon, bain, banc	*good, bath, bench*
mon, main, ment	*my, hand, lies*
son, sein, sans	*his, breast, without*
un infirmier, une infirmière	*a male nurse, a nurse*
un aviateur, une aviatrice	*a flyer, a woman flyer*
un voleur, une voleuse	*a thief, a woman thief*
un président, une présidente	*a president, a woman president*
poisson, poison	*fish, poison*

EXERCICES DE PRONONCIATION

dessert, désert   *dessert, desert*
cesse, seize   *cease, sixteen*
basse, base   *low, base*

FIN DES EXERCICES

INDEX DES EXPRESSIONS IDIOMATIQUES

N.B. : Les chiffres renvoient aux pages du manuel.

A la guerre comme à la guerre, 51
A + mesure de distance + de, 43
A qui le dites-vous!, 50
Allez! Allons!, 38
Allons, bon!, 71
Au microscope, 12
Avoir à faire quelque chose, 20
Avoir à voir avec, 70
Avoir besoin de, 24
Avoir de la chance, 83
Avoir envie de, 24
Avoir honte de, 20
Avoir l'air, 5
Avoir l'habitude de + infinitif, 71
Avoir raison, 8
Avoir tort, 8
Avoir un service à demander, 37

Ca y est!, 56
Ce n'est pas croyable, 82
Ce que...!, 57
Cela va sans dire, 33
C'est incroyable, 82
Chez, 63
Comme...!, 58
Comme un seul, 82
Comment, 14
Comment dirai-je?, 38
Compter + infinitif, 43
Compter sur quelqu'un ou quelque chose, 43

D'accord, 3

De gauche, de droite, 49
Demander un service à quelqu'un, 37
Donner la parole à quelqu'un, 45
Douter de, 50
Du monde, 32
D'une façon + adjectif, 82
D'un moment (d'une minute, etc.) à l'autre, 57

En + verbe, 82
En attendant, 31
En effet, 13
En tous cas, 13
En train de + infinitif, 8
En vouloir à quelqu'un, 75
Entendre parler de, 3
Épouser, 4
Être + adjectif + de + quelque chose ou quelqu'un, 64
Être bon pour, 55
Être d'accord avec quelqu'un, 3
Être de bonne (de mauvaise) humeur, 71
Être des nôtres (des vôtres), 49
Être fier de, 20
Être fou de + infinitif, 56
Être fou de quelqu'un, 10

Faire + infinitif, 44
Faire le + nom, 13
Faire quelque chose d'un air + adjectif, 5
Finir par + infinitif, 38

91

les Gens, 32
Grâce à, 43

Il est bien connu que, 6
Il s'agit de, 31
Il suffit de + infinitif, 26
Il va sans dire, 33
Inutile de dire, 50

Jamais de la vie!, 3
Jusqu'à (jusqu'ici, etc.), 25

Laisser à penser, 83
Laisser la parole à quelqu'un, 45

Mais enfin, 3
Manquer à quelque chose ou à quelqu'un, 64
Manquer de quelque chose, 64
les Miens (les tiens, etc.), 49
Monsieur (Madame, etc.) Un Tel, 19
Monter une affaire, 9
Mourir de faim, 55

Ne jurer que par, 5
Ne rien comprendre à, 39
N'importe..., 69-70

On [ne] le croirait pas, 82

Pas le moins du monde, 19
Passer + expression de temps, 50
Passer la parole à quelqu'un, 45
Passer un vêtement, 20
Penser à, 37
Penser (du bien, etc.) de, 37
Perdre quelqu'un ou quelque chose de vue, 9
les Personnes, 33
le Peuple, 32
Pour ainsi dire, 63
Pour ma (ta, etc.) part, 31
Pour rien au monde, 19
Prendre la vie du bon côté, 9
Prendre l'habitude de + infinitif, 71
Prendre une décision, 58
Près de, 18-19

Quant à, 30
la Quarantaine (trentaine, etc.), 64
Quel drôle de + nom, 4
Quelqu'un (quelque chose) de + adjectif, 39
Qu'est-ce que c'est que, 69
Qu'est-ce qui arrive?, 57
Qu'est-ce qui se passe?, 57
Qu'est-ce qu'il y a?, 57
Qu'est devenu, 76

Raconter, 37
Regarder quelqu'un, 5
Rendre + adjectif, 25
Rendre la vie difficile (impossible) à quelqu'un, 50
Risquer de + infinitif, 56
Rougir de honte, 55

S'adresser à quelqu'un, 42
S'attendre à, 82
Sauter de joie, 55
Se borner à + infinitif, 26
Se charger de, 44
Se douter de quelque chose, 50
Se faire, 81
Se faire du souci (du mauvais sang), 57
S'en faire, 56
Se porter bien (mal), 71
Se rendre compte de quelque chose, 57
Séparer A de B, 24
Servir à, 14
Servir de, 44
S'évanouir de peur, 55
S'habituer à, 10
Souhaiter la bienvenue (la Bonne Année, etc.) à quelqu'un, 55

Tant A que B, 43
Tenir à, 38
Tout le mal du monde, 19
Traiter quelqu'un de, 9
Trembler de froid, 55
Tu parles!, 54
Tutoyer quelqu'un, 77

Un argent fou, 9
Un point, c'est tout, 38
Un succès fou, 9
Un tel, 19
Une dizaine (vingtaine, etc.), 63

Va!, 38
Venir de + infinitif, 5
Vouloir bien, 37